ΣBEST シグマベスト

定期テスト超直前でも平均+10点ワーク

中学国語

JN024998

文英堂

はじめに

中学の定期テストって？

部活や行事で忙《いそが》しい！

中学校生活は、部活動で帰宅時間が遅《おそ》くなったり、土日に活動があったりと、まとまった勉強時間を確保するのが難しいことがあります。

テスト範《はん》囲《い》が広い！

また、定期テストは「中間」「期末」など時期にあわせてまとめて行われるため範囲が広く、さらに、一度に5教科や9教科のテストがあるため、勉強する内容が多いのも特徴《とくちょう》です。

だけど…

日《ひ》頃《ごろ》の学習が、今後の土台になる！

日頃の学習の積み上げや理解度が、今後の学習内容の土台となります。

高校入試にも影《えい》響《きょう》する！

中3だけではなく、中1・中2の成績が内申《ないしん》点として高校入試に影響する都道府県も多いです。

忙しくてやることも多いし…、
時間がない！

テスト直前になってしまったら
何をすればいいの!?

テスト直前でも、
重要ポイント＆超《ちょう》定番問題だけを
のせたこの本なら、
爆《ばく》速《そく》で得点アップできる！

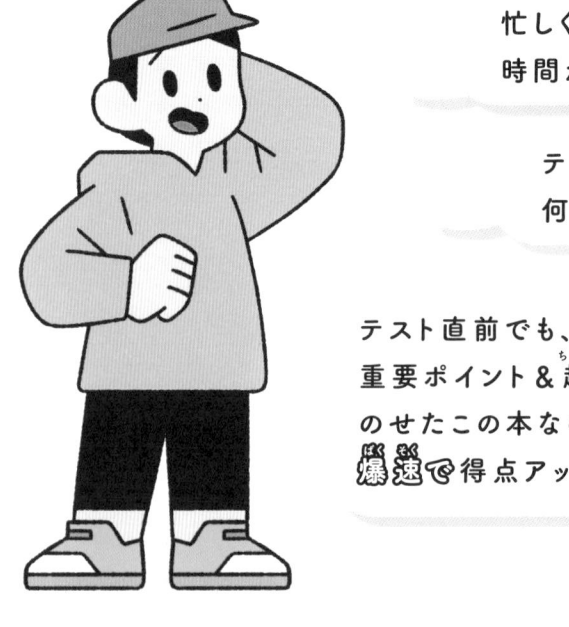

本書の特長と使い方

この本は、**とにかく時間がない中学生**のための、
定期テスト対策のワークです。

1. 基本をチェック　でまずは基本をおさえよう！

テストに出やすい基本的な**重要用語を穴埋め**《あなう》にしています。
空欄《くうらん》を埋めて、大事なポイントを確認《かくにん》しましょう。

2. 10点アップ！　の超定番問題で得点アップ！

超定番の頻出《ひんしゅつ》問題を、**テストで問われやすい形式**でのせています。
わからない問題はヒントを読んで解いてみましょう。

答え合わせ　はスマホでさくっと！

その場で簡単に、赤字解答入り誌面が見られます。（くわしくはp.04へ）

ふろく　重要知識のまとめ

巻末に国語の重要知識をまとめました。
テスト前などに、大切なポイントをさくっと確認できます。

“さくっとマルつけ”システムについて

● 本文のタイトル下のQRコードを、お手持ちのスマートフォンやタブレットで読み取ると、そのページの解答が印字された状態の誌面が画面上に表示されます。別冊の「解答と解説」を確認《かくにん》しなくても、その場ですばやくマルつけができます。

\ QRコードはここ！ /

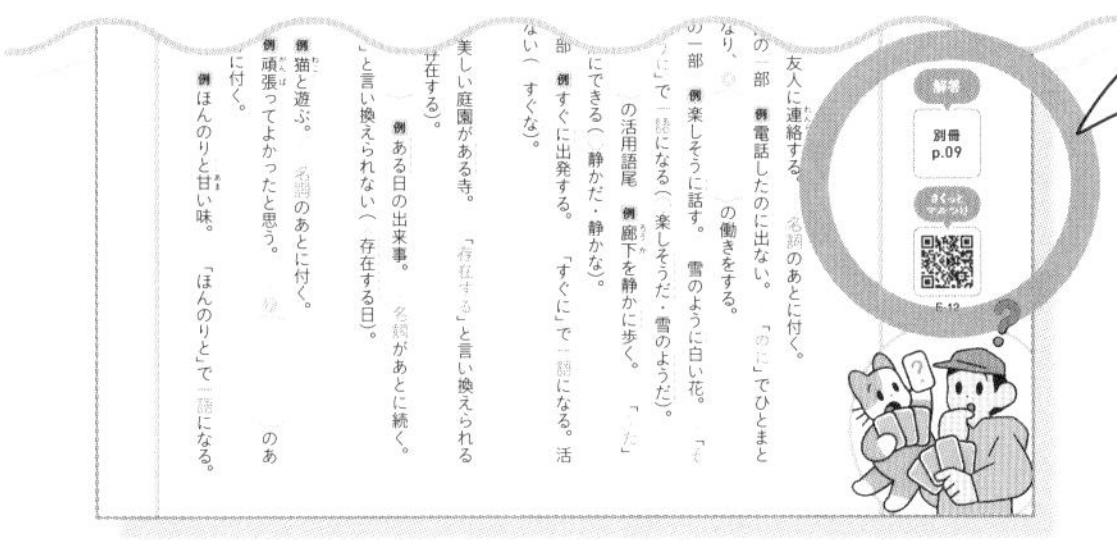

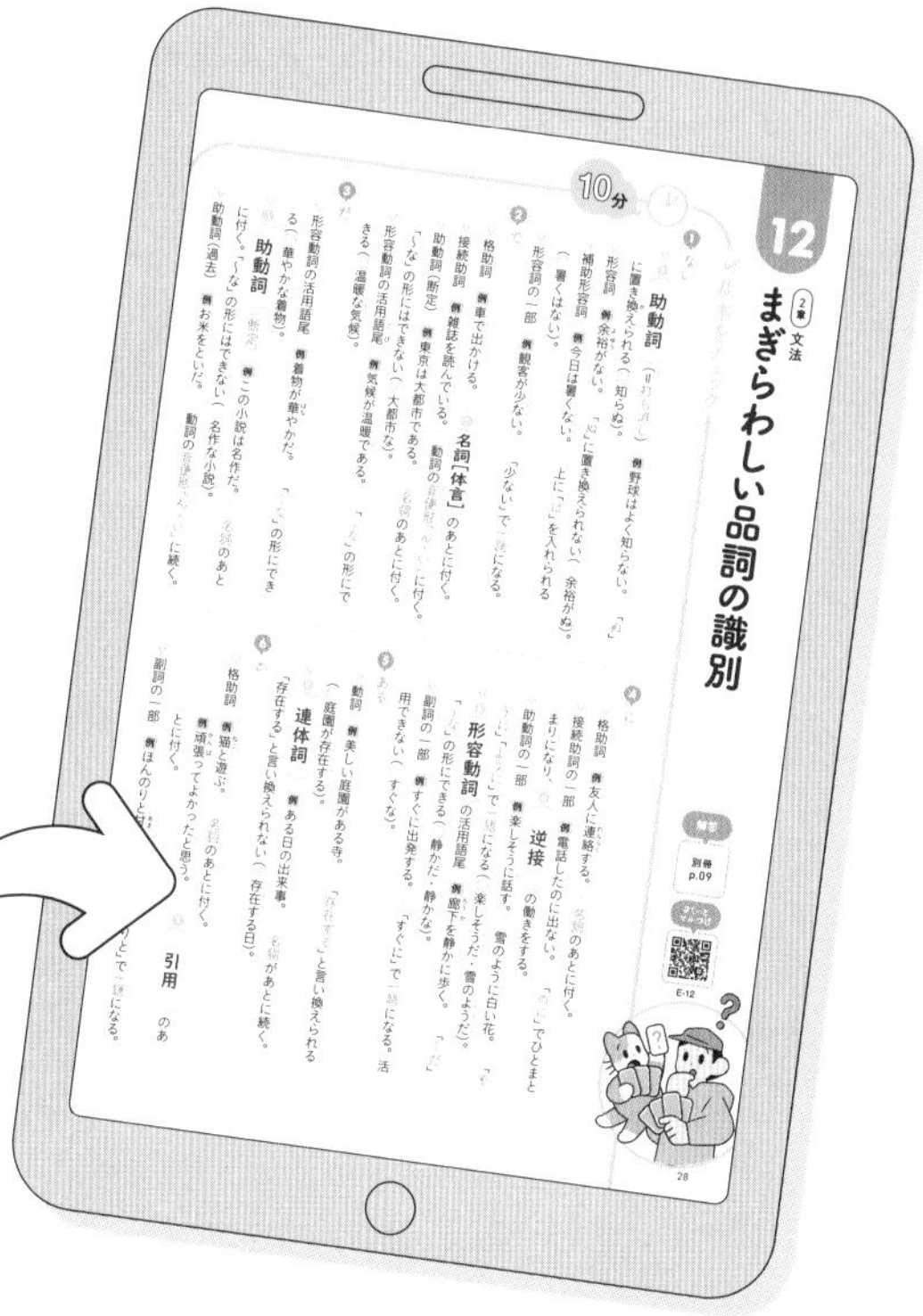

くわしい解説は、別冊 解答と解説 を確認！

● まちがえた問題は、解説 をしっかり読んで確認しておきましょう。

● ミス注意！ も合わせて読んでおくと、テストでのミス防止につながります。

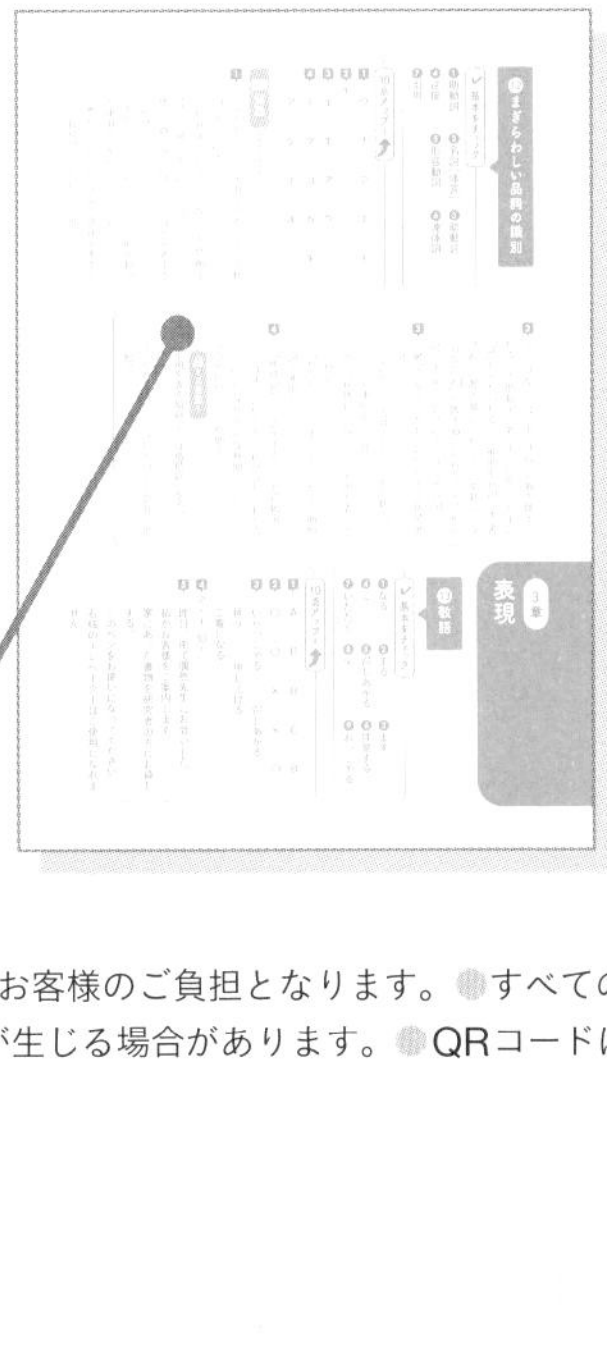

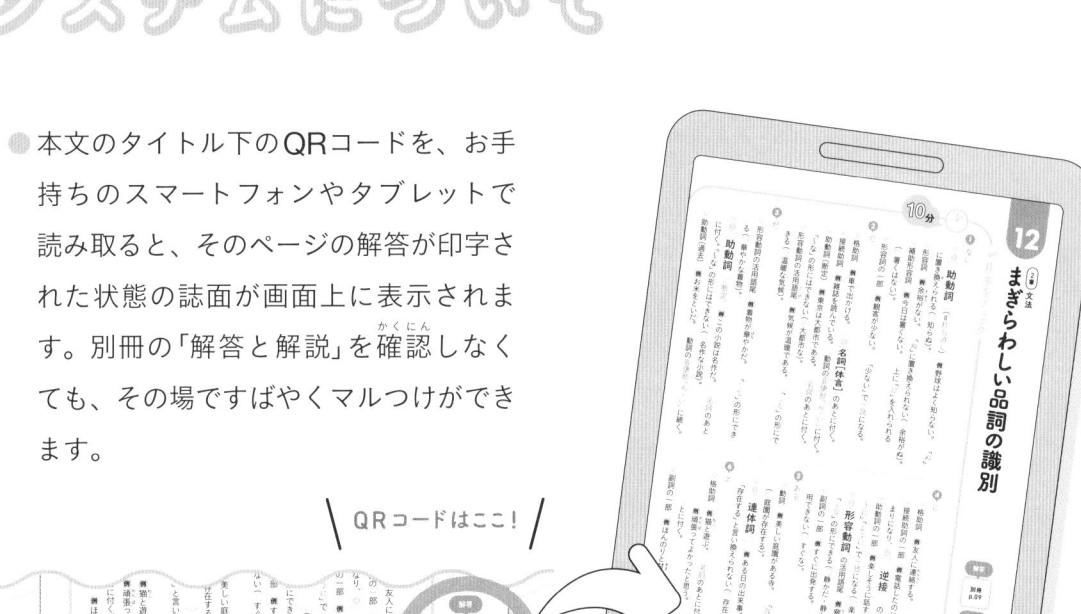

もくじ

1 1章 漢字・語句
部首・漢字の形・筆順と画数

10分

解答 別冊 p.02

さくっとマルつけ E-01

基本をチェック

❶ ①（　　）…漢字を分類するときに基準となる部分。

へん	つくり	かんむり	あし
信 にんべん	利 ②（　　）	室 ③（　　）	熱 ④（　　）
港 さんずい	郡 おおざと	苦 くさかんむり	思 こころ
たれ	にょう	かまえ	その他
店 ⑤（　　）	道 しんにょう	開 ⑦（　　）	朝 つき
原 がんだれ	延 ⑥（　　）	園 くにがまえ	肺 にくづき

②（　　）③（　　）④（　　）⑤（　　）⑥（　　）⑦（　　）

❷ 漢字の成り立ち

▽⑧（　　）文字…物をかたどって作った。例 川・馬・月

▽⑨（　　）文字…数や位置を記号で表した。例 一・上・本

▽⑩（　　）文字…二つ以上の漢字を組み合わせた。例 林・鳴

▽⑪（　　）文字…意味を表す部分と音《おん》を表す部分から成る。

例 銅…部首（金）が意味、それ以外の部分（同）が音を表す。

▽転注…もとの意味から別の意味に広げる。

例 楽（音楽→楽しい）

▽仮借《かしゃ》…音を借りて他の意味を表す。

例 我《ガ》（戈＝ほこ→自分）

❸ 形の似ている漢字

▽部首だけが違《ちが》う漢字…部首は違うが、それ以外の部分が同じ漢字は、同じ読みになることがある。

例 記・紀→き　泳・詠→⑫（　　）

▽部首が似ている漢字…部首が似ている漢字は、書くときに注意する。

例 複（ころもへん）　祝⑬（　　）

＋α
日本で独自に作られた漢字を「国字《こくじ》」という。
例 畑・峠・働

❹ 筆順と画数

▽筆順…漢字の書き順。

▽画数…漢字を作る点や線の数。

例 快　丶 忄 忄 忄 怏 快…りっしんべんの縦画はあとになる。

返　一 厂 万 反 ﾝ反 汳 返…しんにょうは三画で書く。

❺ 漢字の書体

▽⑭（　　）…点画を正確に書く書体。

▽⑮（　　）…点画をややくずした書体。

点画の連続・省略や、筆順の変化がある。

例 複→複　花→花（上が楷書、下が行書《ぎょうしょ》）

確認
漢字の書き取りは楷書《かいしょ》で書く。

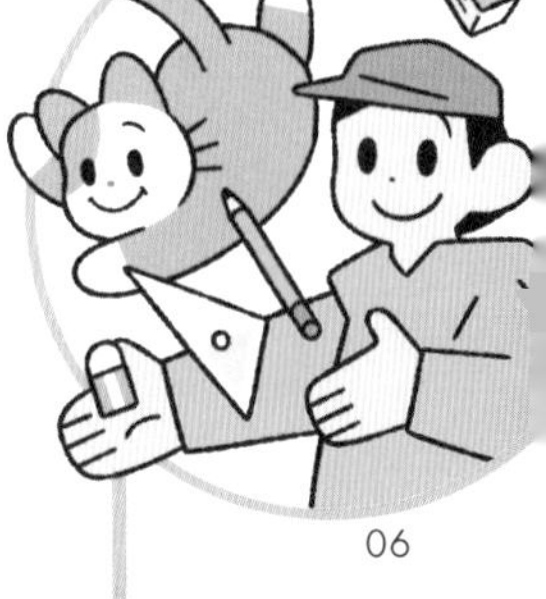

10点アップ！

10分

1 次の漢字の部首名を平仮名《ひらがな》で書きなさい。

1 調（　）　2 情（　）
3 歌（　）　4 筆（　）
5 照（　）　6 病（　）
7 追（　）　8 固（　）
9 間（　）　10 胸（　）

2 次の漢字の成り立ちをあとのア〜エから一つずつ選び、記号で答えなさい。同じ記号を二度選んでもかまいません。

1 下（　）　2 悲（　）
3 明（　）　4 末（　）
5 征（　）　6 鳥（　）
7 魚（　）　8 孫（　）

ア 象形　イ 指事　ウ 会意　エ 形声

3 次の漢字に共通する音《おん》と、音を表す漢字の部分を書きなさい。

1 （疲・披・被）音（　）漢字の部分（　）
2 （抵・低・底）音（　）漢字の部分（　）
3 （儀・議・犠）音（　）漢字の部分（　）
4 （叙・除・徐）音（　）漢字の部分（　）
5 （荷・何・河）音（　）漢字の部分（　）

点UP

4 次の□にあてはまる漢字を下から選び、○を付けなさい。

1 愛の力は普《ふ》□《へん》だ。（遍・偏）
2 法□《ほうてい》で審理《しんり》する。（廷・延）
3 □厳《そうごん》な式典を行う。（荘・壮）
4 川岸に□《あみ》を張る。（綱・網）
5 □底的《てってい》に調査する。（徹・撤）

5 次の漢字の色太線で示した部分は何画目に書きますか。漢数字で答えなさい。

1 興（　）画目
2 複（　）画目
3 進（　）画目
4 起（　）画目

6 次の漢字を楷書《かいしょ》で書いた場合の総画数と同じ画数になる漢字を、あとのア〜エから一つ選び、記号で答えなさい。

級

ア 泳　イ 推　ウ 院　エ 革

（　）

ヒント

3 音が共通するのは、部首以外で形が同じ部分。 4 1 「遍」は「行きわたる」、「偏」は「かたよる」という意味。
3 「荘」は「おごそか」、「壮」は「大きくて立派だ」という意味。

2 漢字の音訓・同訓異字・同音異義語

1章 漢字・語句

解答 別冊 p.02

さくっとマルつけ E-02

10分

✓ 基本をチェック

1 漢字の音訓

- 音読み…日本に漢字が伝わったときの（①　　）での発音に基《もと》づく読み方。 例 山（サン）・朝（チョウ）
- 訓読み…漢字に同じ（②　　）を表す日本語をあてはめた読み方。 例 山（やま）・朝（あさ）
- 音読みには、中国から言葉が伝わった時代や地域の違《ちが》いによって、読み方が異なるものがある。

例 然 ｛天然（テンネン）／自然（シゼン）｝

＋α 「然」の「ネン」を呉音《ごおん》、「ゼン」を漢音《かんおん》という。

- 訓読みにも、複数の読み方をするものがある。

例 間（ま・あいだ）　苦（くる（しい）・にが（い））

2 同訓異字…同じ訓読みをもつ、似た意味の漢字。

例 あつい ｛暑い…今年の夏は暑い。→猛暑《もうしょ》／熱い…熱いお湯をかける。→（③　　）／厚い…厚いもてなしを受ける。→厚遇《こうぐう》｝

例 おさめる ｛治める…国を治める。→統治／収める…倉庫に収める。→収蔵［収納］／納める…税金を納める。→（④　　）／修める…学問を修める。→修学｝

3 同音異義語…同じ発音で（⑤　　）が異なる語。

例 タイショウ ｛対象…研究の対象。／対照…明と暗の対照。／対称…左右対称の図形。｝

例 ソウゾウ ｛想像…心情を想像する。／創造…文化を創造する。｝

確認 同音異義語には、共通する漢字をもつものともたないものがある。

＋α **複数の読み方をする熟語**

複数の読み方をする熟語は、文脈から読み取る。

例 人気 ｛彼《かれ》は人気《にんき》がある。／川岸は人気《ひとけ》がない。｝　生物 ｛多様な生物《せいぶつ》が生息する。／刺身《さしみ》などの生物《なまもの》は食べない。｝

4 重箱読み／湯桶《ゆとう》読み

- 重箱読み…（⑥　　）＋訓読みをする　ジュウ・ばこ
- 湯桶読み…（⑦　　）＋音読みをする　ゆ・トウ

例 仕事（シ・ごと）　役割（ヤク・わり）　無傷（ム・きず）
例 荷物（に・モツ）　手本（て・ホン）　裏門（うら・モン）

確認 役（ヤク）・本（ホン）・門（モン）など、日本語として意味のわかる音読みもある。

5 熟字訓…熟語を一つのまとまりとして特別な読み方をするもの。

例 風邪（かぜ）　五月雨（さみだれ）　小豆（あずき）

10分

1 ――線部に注意して、次の漢字の読みを書きなさい。

1 ①万能（　　）②巨万（　　）
2 ①土砂（　　）②砂糖（　　）
3 ①真相（　　）②首相（　　）
4 ①倍率（　　）②統率（　　）
5 ①有効（　　）②有無（　　）

2 次の――線部に合う漢字を〔　〕内から一つ選び、○を付けなさい。

1 状況《じょうきょう》の判断をあやまる。〔謝・誤〕
2 しっかり準備して実戦にのぞむ。〔望・臨〕
3 トレーニングをして体力の向上をはかる。〔図・計・量・測〕
4 あたたかいスープを飲む。〔暖・温〕
5 はさみで布地をたつ。〔絶・断・裁〕
6 古代史の研究書をあらわす。〔表・現・著〕
7 政治家が多くの国民のシジを集める。〔支持・指示〕
8 預金の残高を銀行にショウカイする。〔紹介・照会〕
9 ジャングルで自然のキョウイを体感する。〔脅威・驚異〕
10 工場で機械をソウサする。〔捜査・操作〕
11 長年の活動のキセキを記録する。〔軌跡・奇跡〕
12 商品の品質をホショウする。〔保証・保障・補償〕

点UP

3 次の――線部の漢字の読みを書きなさい。

1 ①相手チームのほうが一枚上手だった。（　　）
　②彼女《かのじょ》は上手にピアノを弾《ひ》く。（　　）
2 ①資源ゴミを分別する。（　　）
　②分別のある行動をする。（　　）
3 ①春になって寒気がゆるむ。（　　）
　②風邪《かぜ》を引いて寒気がする。（　　）
4 ①前半で試合の大勢が決まる。（　　）
　②大勢で博物館を見学する。（　　）

4 次の熟語が重箱読みをするものにはア、湯桶《ゆとう》読みをするものにはイで答えなさい。

1 夕刊（　　）2 値段（　　）
3 新型（　　）4 台所（　　）
5 派手（　　）6 碁石《ごいし》（　　）
7 場所（　　）8 稲作《いなさく》（　　）

5 次の熟語の読みを書きなさい。

1 雪崩（　　）2 相撲（　　）
3 田舎（　　）4 白髪（　　）
5 固唾（　　）6 時雨（　　）

ヒント
2 2 この「のぞむ」は「その場所へ出かけていく・参加する」という意味。3 この「はかる」は「企《くわだ》てる」という意味。**4** 重箱読みは音読み＋訓読み、湯桶読みは訓読み＋音読みになる。

3

1章 漢字・語句

熟語の構成・類義語・対義語

10分

解答 別冊p.03

さくっとマルつけ E-03

基本をチェック

❶ 二字熟語の構成

- 意味が似ている 例 温暖・縮小・娯楽《ごらく》・規則
- 意味が対になる 例 善悪・売買・貸借《たいしゃく》・今昔《こんじゃく》
- 主語と（❶）の関係になる

例 国営（国が営む） 雷鳴（雷《かみなり》が鳴る）

- 下が上の目的・対象になる

例 開会（会を開く） 読書（書を読む）

- 上が下を修飾《しゅうしょく》する

例 山頂（山の頂《いただき》） 外国（外の国）…（❷）修飾

例 仮定（仮に定める） 必見（必ず見るべき）…連用修飾

- 接頭語や（❸）が付く

例 未定 不足 無用 非常 …接頭語

＊「未・不・無・非」は（❹）の意味を表す。

例 緑化 酸性 劇的 …接尾語《せつび》

- 同じ漢字を重ねる

例 延延（延々） 我我（我々）

確認 「我我」のように、同じ漢字や単語を重ねた語を「畳語《じょうご》」という。

- 長い熟語を省略する

例 国連（国際連合） 特急（特別急行） 民放（民間放送）

+α 漢字を訓読みして、それぞれの意味と上下の関係をとらえよう。

例 温暖→温かい＝暖かい　貸借→貸す⇔借りる

❷ 三字熟語の構成

- 三字が対等の関係になる 例 衣食住・上中下・雪月花
- 上の一字が下の二字を修飾する 例 私生活・弦《げん》楽器
- 上の二字が下の一字を修飾する 例 風景画・同窓会
- 接頭語や接尾語が付く 例 非常識・不可能・画期的・合理性

❸ 四字熟語の構成

- 四字が（❺）の関係になる 例 東西南北・喜怒哀楽《きどあいらく》
- 上と下が二字熟語になる 例 完全無欠・国際社会・現状維持《いじ》

❹ 類義語…意味が（❻）いる言葉。

例 語る…立候補した決意を語る。→内容を順序だてて話す
話す…目撃《もくげき》したことを話す。→言葉で相手に伝える

例 同意＝賛成　価格＝値段　方法＝手段　倹約《けんやく》＝節約

❺ 対義語…意味が（❼）や対の関係になる言葉。

例 大きい↔小さい　理論↔実践《じっせん》　偶然《ぐうぜん》↔必然 …意味が反対
兄↔弟　行き↔帰り …対の関係

❻ 多義語…多くの（❽）や用法をもつ言葉。意味は文脈によって解釈《かいしゃく》する。

例 サラダにドレッシングをかける。→上に注ぐ
肩《かた》にバッグをかける。→ぶら下げる
人に迷惑《めいわく》をかける。→不都合なことを与《あた》える

確認 文脈 語句や文の前後の意味のつながりや関係。

10点アップ！

10分

1 次の熟語の構成を、あとのア〜クから一つずつ選び、記号で答えなさい。同じ記号を二度選んでもかまいません。

1 弱点（　）　2 着色（　）　3 往復（　）
4 飢餓《きが》（　）　5 日没《にちぼつ》（　）　6 不満（　）
7 粛々《しゅくしゅく》（　）　8 入試（　）　9 激減（　）

ア 意味が似ている　イ 意味が対《つい》になる
ウ 主語と述語の関係になる　エ 下が上の目的・対象になる
オ 上が下を修飾《しゅうしょく》する　カ 接頭語や接尾《せつび》語が付く
キ 同じ漢字を重ねる　ク 長い熟語を省略する

2 次の熟語の□内に入る接頭語を、下の[　]の中から一つずつ選び、書きなさい。同じものを二度選んでもかまいません。

1 □欲　2 □開　3 □行
4 □順　5 □凡《ぼん》　6 □料

未　不
無　非

3 次の三字熟語の構成を、あとのア〜エから一つずつ選び、記号で答えなさい。

1 初対面（　）　2 市町村（　）
3 未解決（　）　4 経験者（　）

ア 上の一字が下の二字を修飾する　イ 三字が対等の関係になる
ウ 上の二字が下の一字を修飾する　エ 接頭語や接尾語が付く

4 次の四字熟語の□内に入る漢字を書きなさい。

1 質疑□答　2 鯨《げい》□馬食　3 晴□雨読
4 花鳥風□　5 古□東西　6 用意□到《とう》

点UP

5 次の文の〔　〕内の語のうち、文脈にあてはまるほうを選んで、記号で答えなさい。

1 ① 連休中は混雑が〔ア 予想　イ 予期〕される。（　）
② 〔ア 予想　イ 予期〕せぬ出来事が起こる。（　）

2 ① 猿《さる》が木に〔ア あがる　イ のぼる〕。（　）
② 大工が屋根に〔ア あがる　イ のぼる〕。（　）

6 次の語の対義語を書きなさい。

1 増加（　）　2 形式（　）
3 抽象《ちゅうしょう》（　）　4 許可（　）
5 理想（　）　6 拡大（　）

7 次の二つの文の〔　〕内に共通してあてはまる語を、下のア〜エから一つ選び、記号で答えなさい。

① 景気の見通しは〔　〕。
② 最新の流行に〔　〕。
（　）

ア 高い　イ 多い
ウ 鋭《するど》い　エ 明るい

ヒント

5 1 「予想」は前もって見当をつけること、「予期」はあらかじめ期待することを表す。 2 「あがる」は到達《とうたつ》点、「のぼる」は途中《とちゅう》の経由する場所を表す。

4 慣用句・ことわざ・故事成語

10分

基本をチェック

解答 別冊p.04

さくっとマルつけ E-04

1 慣用句…二つ以上の言葉が結びついて、もとの言葉とは別の（　①　）を表す表現。他の言葉には置き換《か》えられない。

例 油を売る…むだ話などをして仕事を（　②　）という意味。
「油を販売《はんばい》する」「灯油を売る」などとは言わない。

・体の一部を用いたもの

例 目を光らす（よく気をつけて見張る）

（　③　）を貸す（人の言うことを聞く）

・心に関係のある言葉を用いたもの

例 心を打つ（強く感動させる）

（　④　）が置けない（気を遣《つか》う必要がない）

・動植物を用いたもの

例 猫《ねこ》の手も借りたい（とても忙《いそが》しくてどんな助けでもほしい）

（　⑤　）で鼻をくくる（そっけない態度を取る）

・日常的な物を用いたもの

例 （　⑥　）をさす（言い逃《のが》れができないように固く約束する）

+α 慣用句
・定型的な表現
・特定の意味を表す

2 ことわざ…古くから言い伝えられてきた（　⑦　）や生活上の知恵《ちえ》を短く言い表した言葉。

・体の一部を用いたもの

例 良薬は（　⑧　）に苦し（ためになる忠告は聞くのがつらい）

・動植物を用いたもの

例 （　⑨　）の耳に念仏（いくら言っても効果がない）

3 故事成語…（　⑩　）の古典に基《もと》づいて作られた、特別な意味に用いられる言葉。（p.50）

例 温故知新《おんこちしん》（昔のことを学んで新しい知識を得る）

例 登竜門《とうりゅうもん》（出世のために越《こ》えなければいけない関門）

＊「矛盾《むじゅん》」「漁夫の利」のように四字熟語ではないものも多い。

確認 故事
昔から伝えられている事柄《ことがら》。

4 和語／漢語／外来語

・和語…もとから（　⑪　）で使われていた語。

＊平仮名《ひらがな》や漢字の訓読みを用いる。 例 住まい・上がる・子供

・漢語…漢字の（　⑫　）からできている語。

＊もとは中国から日本に入ってきた語である。 例 学問・料理・世間

＊日本で作られた漢語もある。 例 絶対・仮説《かせつ》

・外来語…漢語以外の（　⑬　）から取り入れられた語。

＊普通《ふつう》は片仮名を用いる。 例 バッグ　ホテル

5 話し言葉／書き言葉

・話し言葉…（　⑭　）で伝える言葉。

＊目の前にいる相手に対して使われることが多い。

・書き言葉…（　⑮　）で伝える言葉。

＊目の前にいない相手に伝えることができる。

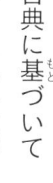

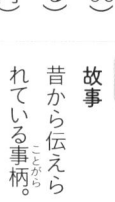

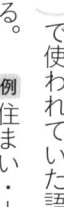

10点アップ！ 10分

1 次の慣用句の（　）内に入る語句をあとのア〜オから一つずつ選び、記号で答えなさい。

1 （　）を張る（自信のある態度を取る）　（　）
2 （　）に流す（過去のいざこざをとがめない）　（　）
3 （　）が高い（よいものを見分ける能力がある）　（　）
4 （　）が広い（知り合いが多い）　（　）
5 （　）を持たせる（相手を立てて功績を譲《ゆず》る）　（　）

ア 目　イ 顔　ウ 花　エ 胸　オ 水

2 次のことわざの意味をあとのア〜オから一つずつ選び、記号で答えなさい。

1 弘法《こうぼう》も筆の誤り　（　）
2 馬子《まご》にも衣装《いしょう》　（　）
3 情けは人のためならず　（　）
4 灯台もと暗し　（　）
5 転ばぬ先のつえ　（　）

ア つまらない者でも外見を飾《かざ》るとよく見えること。
イ 身近なことはかえってわかりにくいこと。
ウ いざという時に備えて手を打っておくこと。
エ その道で優《すぐ》れた人でも時には失敗することがあること。
オ 人に親切にすると自分にもよいことがあること。

点UP
3 次の故事成語の意味をあとのア〜オから一つずつ選び、記号で答えなさい。

1 四面楚歌《しめんそか》　（　）
2 漁夫の利　（　）
3 呉越同舟《ごえつどうしゅう》　（　）
4 他山の石　（　）
5 臥薪嘗胆《がしんしょうたん》　（　）

ア ふだんは仲の悪い者どうしが同じ場所にいあわせること。
イ 他人の誤った言行も自分にとって戒《いまし》めとなること。
ウ 目的をかなえるために苦労を重ねながら努力すること。
エ 敵に囲まれて孤立《こりつ》し、助けのないこと。
オ 両者が争っている間に第三者が利益を横取りすること。

4 次の語が和語ならア、漢語ならイ、外来語ならウで答えなさい。

1 科学　（　）
2 アイディア　（　）
3 言葉　（　）
4 暮らし　（　）

5 次のア〜エを話し言葉と書き言葉に分けて、記号で答えなさい。

ア 相手の反応に応じて、声の大きさや速さを調節することができる。
イ 自分が表したものをあとから読み返すことができる。
ウ 昔の文章を読んだり、記録を後世に残したりすることができる。
エ その場で相手に確認《かくにん》したり、同意を求めたりすることができる。

話し言葉（　）　書き言葉（　）

ヒント
3 3 呉《ご》と越《えつ》の人が同じ舟《ふね》に乗った話に由来する。5 薪《たきぎ》の上で寝《ね》たり、苦い胆《きも》を嘗《な》めたりした話に由来する。
4 和語は訓読み、漢語は音読み、外来語は片仮名《かたかな》になる。

5 ２章 文法 言葉の単位・文の成分・文節の関係

解答 別冊 p.04

さくっとマルつけ E-05

基本をチェック

1 言葉の単位…文章・段落・文・文節・単語の五種類がある。

（1）…一つのまとまった内容を、文字で書き表したもの。 例 小説・論説文・随筆《ずいひつ》・手紙・詩・短歌・俳句

（2）…文章を、内容のまとまりごとに区切ったもの。初めは一字下げる。

（3）…一つのまとまった内容を表す一続きの文。最後には句点（。）が付く。

（4）…発音するうえで不自然にならず、意味がわかる程度に短く区切ったまとまり。

文節の区切り方…文に「ネ」「ヨ」を入れて区切ってみる。

例 今日は　朝から　雨が　しとしとと　降って　いる。

＊補助動詞（p.22）は一文節になる。

（5）…それ以上区切ると意味がわからなくなるもの。

例 現代社会　の　困難な　問題に　取り組む。

＊複合語（＝いくつかの単語が結びついてできた単語）はそれ以上分けられず、一単語になる。

補助動詞の例
・やってみる
・読んでおく
・置いてある

2 文の成分…文節を、文の中で果たす役割で分類したもの。

（6）…「何が」「誰《だれ》が」の文節。体言（名詞）が中心。

（7）…「何だ」「どうする」「どんなだ」「ある」などの文節。用言（動詞・形容詞・形容動詞）が中心。

修飾語《しゅうしょく》…「いつ」「どこで」「どのように」などの文節。連用修飾語（用言を修飾）と（8）修飾語（体言を修飾）がある。

（9）…「だから」「しかし」「〜ので」「〜ば」のように、文と文、文節と文節をつなぐ働きをする文節。

（10）…他の部分とは直接関係がない文節。

3 文節の関係

（11）の関係…文の基本を成す関係。

（12）の関係…修飾語と修飾される語の関係。

（13）の関係…文節どうしが対等に並ぶ関係。

（14）の関係…下の文節が上の文節を補助する関係。

4

（15）…いくつかの文節がまとまって一つの文節になるもの。文の成分は、主部・述部・修飾部・接続部・独立部となる。

例 小さな　白い　子猫《こねこ》が　ゆっくり　歩いて　きた。
（小さな・白い：並列／子猫が・歩いて：主・述／ゆっくり・歩いて：修飾・被修《ひ》飾／歩いて・きた：補助）

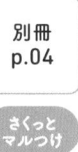

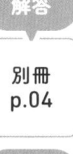

10点アップ！

10分

1 次の文を文節に区切って、切れ目に｜を入れなさい。

1 白い車が家の前を何台も通る。
2 公園にはきれいな花が咲《さ》いている。
3 試《ため》しに新しいペンを使ってみる。

2 次の文を単語に区切って、切れ目に｜を入れなさい。

1 スピーチの全国大会に出場する。
2 熱帯魚がきらきら光りながら泳ぐ。
3 観客がピアノの演奏に聞き入る。

3 点UP 次の――線部の述語（述部）に対する主語を抜《ぬ》き出しなさい。

1 おはよう、と母が言った。（　）
2 僕《ぼく》は父に買い物を頼《たの》まれた。（　）
3 兄も同じ学校に通っている。（　）
4 あなたこそ、もっと練習をするべきです。（　）
5 誰《だれ》だってめんどうなことはしたくない。（　）

4 次の――線部の語が修飾《しゅうしょく》している文節を抜き出しなさい。

1 高い山の頂上から、美しい眺《なが》めを楽しむ。（　）
2 こんなに激しく雨が降るのは久しぶりだ。（　）
3 ケーキを弟と半分ずつ分けた。（　）
4 暖かい毛布にくるまってぐっすり眠《ねむ》る。（　）
5 祖母は、毎日、鉢《はち》植えの植物に水をやる。（　）

5 次の――線部の文の成分の名前を答えなさい。

1 私が家に帰ると、弟が眠っていた。（　）
2 応援《おうえん》してくれたので、元気が出た。（　）
3 あなたの書いた作文が、賞に選ばれた。（　）
4 速くて正確な作業が求められている。（　）
5 父の生きがい、それが仕事だ。（　）

6 次のア〜エのうち、――線部が連文節になっているものを一つ選び、記号で答えなさい。

ア うっそうとしたジャングルが広がる。
イ 大きくて年取った犬を飼っている。
ウ 最後まで諦《あきら》めないで頑張《がんば》ります。
エ 涼《すず》しい風が吹《ふ》き抜ける。

（　）

ヒント
2 まず文節ごとに区切り、それからそれぞれの文節を単語に区切ろう。**3**「〜も・〜こそ・〜だって・〜なら」も主語になる。**6** 連文節は、二つ以上の文節がひとまとまりになる。

6 2章 文法 品詞の種類

10分

基本をチェック

1 自立語と付属語…品詞は自立語と付属語に分けられる。

・（①　　）…単独で文節を作ることができる。それだけで意味がわかる。

・（②　　）…単独では文節を作れず、自立語のあとに付いて文節を作る。

例 私は　昨日　駅まで　歩いた。

（自立語：私・昨日・駅・歩い／付属語：は・まで・た）

確認
・一文節に自立語は必ず一つだけ。
・付属語のない文節もある。

2 自立語と付属語の分類…活用するものと活用しないものに分けられる。

・活用…あとに語が続くときに形が変化すること。例 行く　行った

自立語
- 活用するもの…（③　　）・形容詞・形容動詞
- 活用しないもの…名詞・（④　　）・連体詞・（⑤　　）・感動詞

付属語
- 活用するもの……助動詞
- 活用しないもの…（⑥　　）

3 活用する自立語…（⑦　　）ともいう。

・動詞…動作・作用・存在などを表す。言い切りの形が（⑧　　）の音で終わる。例 母は、大きな声で話す。

・形容詞…状態・性質などを表す。言い切りの形が「（⑨　　）」で終わる。例 祖母は、いつも優《やさ》しい。

・形容動詞…状態や性質などを表す。言い切りの形が「（⑩　　）・です」で終わる。例 人柄《ひとがら》が穏《おだ》やかだ。

4 活用しない自立語

・名詞…「が・は」などが付いて主語になる。物事の名前などを表す。（⑪　　）ともいう。例 家・東京・これ・一人・こと

・副詞…主に用言を修飾《しゅうしょく》する語＝（⑫　　）として用いられる。例 ゆっくり・とても・決して

・連体詞…体言を修飾する語＝（⑬　　）として用いられる。例 この・大きな・いろんな・たいした・ある・あらゆる

・（⑭　　）…文と文、語句と語句をつなぐ働きをする。例 だから・しかし・また・では・例えば

・（⑮　　）…感動・呼びかけ・応答などを表す。独立語（p.14）になる。例 わあ（感動）・ねえ（呼びかけ）・はい（応答）

5 活用する付属語

・助動詞…主に（⑯　　）や他の助動詞に付いて、意味を付け加えたり気持ちや判断を表したりする。例 れる・そうだ・ない

6 活用しない付属語

・（⑰　　）…さまざまな語に付いて意味を付け加えたり、語句と語句の関係を示したりする。例 が・の・より・と・は・か

解答 別冊 p.05

さくっとマルつけ E-06

10点アップ！ 10分

1 次の文の［　］にあてはまる言葉を答えなさい。

1 自立語は、一つの［　］の中に一つしかない単語で、必ず［　］の最初にくる。（［　］には同じ言葉が入る）（　　）

2 自立語には、活用するものとしないものがあり、活用する自立語を［　］という。（　　）

3 自立語の一つである名詞は、［　］ともいう。（　　）

4 助詞や助動詞のように、単独では文節を作れず、自立語のあとに付いて文節を作る単語を［　］という。（　　）

2 次のア～エのうち、――線部が全て自立語であるものを一つ選び、記号で答えなさい。

ア 白い服を着た人がこちらに歩いてきます。
イ 古いビルを解体する工事が行われた。
ウ 人口が毎年増えている都市がある。
エ 兄が、読み終わった本の話をした。

（　　）

3 次の――線部の単語の品詞名をあとのア～オから一つずつ選び、記号で答えなさい。

1 コンピューターを駆使《くし》する。（　　）
2 彼《かれ》と電話で話したのは初めてだ。（　　）
3 寒さにこごえる日々を過ごす。（　　）
4 報告することは特にない。（　　）
5 今日はいい天気になりそうだ。（　　）

ア 名詞　イ 動詞　ウ 形容詞　エ 助詞　オ 助動詞

4 次の――線部の単語の品詞名を答えなさい。

1 クラスみんなで力を合わせる。（　　）
2 おかしな話を聞いた。（　　）
3 筆記用具の使い方は自由だ。（　　）
4 では、これで終業式を終わります。（　　）
5 おはよう、今朝も寒いね。（　　）

点UP

5 次の――線部の単語の品詞名を、あとのア～コから一つずつ選び、記号で答えなさい。

①大きな国と、②それよりは③すこし小さな国とが隣《とな》り合っていました。④当座、その二つ⑤の国の間には、なにごとも⑥起こらず⑦平和でありました。
（小川未明《おがわみめい》『野ばら』より）

ア 名詞　イ 副詞　ウ 連体詞　エ 接続詞　オ 感動詞
カ 動詞　キ 形容詞　ク 形容動詞　ケ 助詞　コ 助動詞

①（　　）②（　　）③（　　）
④（　　）⑤（　　）⑥（　　）
⑦（　　）

ヒント
2 自立語はそれだけで意味がわかる。付属語はそれだけでは意味がわからず、必ず自立語のあとに付いて文節を作る。**5** ①「大きな」は連体修飾《しゅうしょく》語、③「すこし」は「小さな」を修飾している。

7 2章 文法 名詞・連体詞・副詞・接続詞・感動詞

10分

解答 別冊 p.06

さくっとマルつけ E-07

基本をチェック

1 名詞…あとに「が・は・も」などが付いて、文の（　①　）になる。体言ともいう。事物の名前などを表す。

普通《ふつう》名詞	一般《いっぱん》的な物事を表す。	例 家・犬
（　②　）	特定の人名や地名などを表す。	例 太宰治《だざいおさむ》・京都
数詞	物の数や順序を表す。	例 一人・五番目
（　③　）	人や物、場所、方向などを指し示す。	例 あなた・これ・どこ・そちら
形式名詞	もとの意味が薄《うす》れて、実質的な意味をもたないもの。常に修飾語《しゅうしょくご》が付く。	例 彼《かれ》のこと・美しいもの・楽しいとき

> 転成名詞…用言が名詞に変わったもの。例 遅《おく》れる（動詞）→遅れ

> 形容詞や名詞に接頭語や接尾語《せつびご》が付いたもの　例 寒い（形容詞）→寒さ　お米（名詞）

> 複合名詞…二つ以上の単語が結びついたもの　例 夏＋休み→夏休み　梅雨＋前線→梅雨前線

確認　転成名詞や複合名詞は一つの単語になる。それ以上分割《ぶんかつ》できない。

2 連体詞…（　④　）を修飾する語（連体修飾語）として用いられる。

例 この町・大きな川・いろんな人　たいした仕事・あるとき・あらゆる場合

確認　「大きな・いろんな」は形容動詞ではない。

3 副詞…主に（　⑤　）を修飾する語（連用修飾語）になる。

> （　⑥　）の副詞…動作がどのように行われているかを表す。　例 きらきらと輝《かがや》く（擬態語《ぎたいご》）　風がびゅうびゅう吹《ふ》く（擬音語）

> （　⑦　）の副詞…程度がどのくらいであるかを表す。　例 少し暑い・とてもうれしい

> （　⑧　）の副詞…下に決まった言い方がくる。　例 全く知らない・まるで夢のようだ・もしまた会えるなら

4 接続詞…文と文、語句と語句をつなぐ働きをし、接続語になる。

順接	前の内容があとの内容の原因・（　⑨　）になる。	だから・それで　すると・したがって
（　⑩　）	前後の内容が逆になる。	しかし・だが
累加《るいか》・並立《へいりつ》（並列）	前の内容にあとの内容を加えたり並べたりする。	そして・また・なお
説明・補足	前の内容に対し、あとの内容で説明や付け足しをする。	なぜなら・つまり　すなわち・例えば
対比・選択《せんたく》	前後を比べたり選んだりする。	あるいは・または
転換《てんかん》	別の事柄《ことがら》をもちだす。	ところで・では・さて

5 感動詞…感動・呼びかけ・応答などを表し、独立語になる。

例 わあ、きれい。（感動）・ねえ、いっしょに帰ろうよ。（呼びかけ）

10点アップ!

10分

1 次の――線部の名詞の種類をあとのア～オから一つずつ選び、記号で答えなさい。

1 日本には多くの観光客がやってくる。（　　）
2 君の家は、右から三番目でしたね。（　　）
3 もちろん、私にも責任はある。（　　）
4 彼女《かのじょ》には、ずいぶん助けられた。（　　）
5 今日話したことは誰《だれ》にも秘密だ。（　　）

ア 普通《ふつう》名詞　イ 固有名詞　ウ 数詞
エ 代名詞　オ 形式名詞

2 次の言葉を〔　〕内の指示にしたがって名詞に書き換《か》えなさい。

1 流れる〔転成名詞を作る〕（　　）
2 さわやかだ〔接尾《せつび》語「さ」を付ける〕（　　）
3 卒業〔接頭語「ご」を付ける〕（　　）
4 健康　保険〔二つの単語を結びつける〕（　　）

3 次の文から連体詞を一つずつ抜《ぬ》き出しなさい。

1 自信なさそうに小さな声で話す。（　　）
2 彼《かれ》らのいかなる要求にも応じない。（　　）
3 それはたいした問題ではない。（　　）
4 ある人から興味深い話を聞いた。（　　）

4 次のア～エの文のうち、――線部の呼応の副詞の使い方が正しいものを一つ選び、記号で答えなさい。

ア 今朝は寒く、まるで冬のようだ。
イ たとえ眠《ねむ》くなったら我慢《がまん》する。
ウ おそらくこのまま何も起こらなかった。
エ 必ず彼女に伝えるかもしれない。

（　　）

点UP

5 次の文の□にあてはまる接続詞をあとのア～エから一つずつ選び、記号で答えなさい。

1 明日は雨らしい。□、出かけるのはよそう。（　　）
2 この時計は古い。□、今でも正確だ。（　　）
3 コーヒー、□紅茶をお選びください。（　　）
4 手帳は赤い色と黒い色、□二種類あります。（　　）

ア しかし　イ だから　ウ または　エ すなわち

6 次の――線部の感動詞の意味をあとのア～ウから一つずつ選び、記号で答えなさい。

1 はい、わかりました。（　　）
2 ああ、びっくりした。（　　）
3 もしもし、どなたですか。（　　）

ア 呼びかけ　イ 応答　ウ 感動

ヒント

2 3 接頭語は他の語の前に付き、接尾語は他の語のあとに付く。 4 ウ「おそらく」は確かな推量、エ「必ず」は強い意志を表す。 5 空欄《くうらん》の前後の文・語句の関係を考える。

動詞

基本をチェック

10分

❶ 動詞の活用…動詞は、あとに続く言葉によって活用する(p.16)。
①（　　）…単語が活用によって規則的に変化した形。未然形・連用形・終止形・連体形・仮定形・命令形の六種類がある。

❷ 語幹と活用語尾《ごび》

話す――はな｜す・はな｜し（た）
語幹（活用する単語の変化しない部分）
活用語尾（活用する単語の変化する部分）

❸ 動詞の活用の種類…次の五種類がある。

活用の種類	基本形	語幹	未然形（ない・う・よう）	連用形（ます・た）	終止形（言い切り）	連体形（とき）	仮定形（ば）	命令形（命令する）
五段活用	歩く	ある	か こ	②（　） い	く	く	け	け
上一段活用	起きる	お	き	き	きる	③（　）	きれ	きろ きよ
下一段活用	食べる	た	④（　）	べ	べる	べる	べれ	べろ べよ
カ行変格活用	来る	○	こ	き	くる	くる	⑤（　）	こい
サ行変格活用	する	○	し せ さ	⑥（　）	する	する	すれ	しろ せよ

②（　　）③（　　）④（　　）⑤（　　）⑥（　　）

■活用の種類の見分け方…動詞に打ち消しの「ない」を付けて、上の音で見分ける。
＞読む → よまない ＝ ア段 → ⑦（　　）
＞借りる → かりない ＝ イ段 → ⑧（　　）
＞受ける → うけない ＝ エ段 → ⑨（　　）

❹ 音便《おんびん》…五段活用の⑩（　　）に「た」「て」が付く場合、発音しやすいように音が変化すること。次の三種類がある。
＞イ音便…書き＋た → 書いた
＞促音便《そくおんびん》…打ち＋た → 打った
＞撥音便《はつおんびん》…読み＋た → 読んだ

確認
・促音…「そっと」のようなつまる音。
・撥音…「ぽんと」のようなはねる音。

❺ 可能動詞…「〜できる」という⑪（　　）の意味を含《ふく》んだ動詞。五段活用の動詞から作られ、下一段活用の動詞になる。
例 読む(五段) → 読める(下一段)

+α らぬき言葉
「見る・食べる」は五段活用ではないので、「見れる・食べれる」は「らぬき言葉」になる。助動詞を使って「見られる」「食べられる」とする。

❻ 自動詞と他動詞
＞⑫（　　）…それ自身が働く意味をもつ。
例 ドアが閉まる。
＞他動詞…何かに働きかける意味をもつ。
例 ドアを閉める。

解答 別冊p.06

さくっとマルつけ E-08

10点アップ！

10分

1 次の――線部の動詞の活用形を答えなさい。

1 外で遊ぶときは、帽子《ぼうし》をかぶる。（　　）
2 私はこれから作文を書きます。（　　）
3 学校まで十五分あれば行ける。（　　）
4 今日はじっくり話そう。（　　）
5 祖父は毎日、近所を散歩する。（　　）
6 朝寝坊《ねぼう》しないで、もっと早く起きろ。（　　）

2 次のア～エの文のうち、――線部の動詞の活用形が他と違《ちが》うものを一つ選び、記号で答えなさい。

ア 兄が向こうから来ます。
イ 椅子《いす》に座《すわ》っている人。
ウ 本を借りる手続きをする。
エ 一生懸命《けんめい》に考えた。

（　　）

3 次の――線部の動詞の活用の種類を答えなさい。

1 色づいた枯《か》れ葉が歩道に落ちる。（　　）
2 早く帰らないと、家族が心配する。（　　）
3 相手チームの攻撃《こうげき》をなんとか防ぐ。（　　）
4 困難に負けず、未来に目を向ける。（　　）
5 もうすぐ寒い冬が来る。（　　）

点UP

4 次の――線部の動詞と同じ活用の種類の動詞をあとのア～エから一つ選び、記号で答えなさい。

・新しい家を建てる。

ア 正しい言葉を用いる。
イ 砂浜《すなはま》を思いきり走る。
ウ 季節が緩《ゆる》やかに過ぎる。
エ 川が勢いよく流れる。

（　　）

5 例にならって、次の――線部の動詞のあとに〔　〕内の語を付けて、――線部を書き換《か》えなさい。

例 畑を耕す〔た〕。→耕した

1 本を読んで感想文を書く〔た〕。（　　）
2 道に迷う〔て〕困った。（　　）
3 自動車まで重い荷物を運ぶ〔だ〕。（　　）

6 次の――線部の動詞を可能動詞に書き換えなさい。

1 難しい数学の問題を解く。（　　）
2 彼《かれ》は百メートルを十秒台で走る。（　　）

7 次の――線部の動詞が自動詞ならア、他動詞ならイで答えなさい。

1 床《ゆか》に消しゴムを落とす。（　　）
2 駅前に人がたくさん集まる。（　　）

ヒント

3 動詞に打ち消しの「ない」を付けて、上の音がアイエの何段になるかで見分ける。1は「落ちない」、3は「防がない」、4は「向けない」となる。**6** 可能動詞は「～できる」という意味があり、下一段活用になる。

9 2章 文法 形容詞・形容動詞・補助用言

10分

基本をチェック

1 形容詞・形容動詞の活用

品詞	基本形	語幹	未然形 う	連用形 た・ない・なる・ございます	終止形 （言い切り）	連体形 とき	仮定形 ば	命令形 （命令する）
形容詞	美しい	うつくし	かろ	かっ （①） う	い	い	（②）	○
形容動詞	静かだ	しずか	（③）	だっ で に	だ	（④）	なら	○
	静かです	しずか	でしょ	（⑤）	です	（です）	○	○

＞形容詞の活用の仕方は一種類のみ。

＞形容動詞は、「―だ・―です」の二種類の形がある。

＞形容動詞「―だ」は、終止形と連体形が異なる。

例 終止形＝「静かだ」　連体形＝「静かな」

確認 形容詞・形容動詞には命令形はない。

2 形容詞の音便《おんびん》…形容詞の（⑥）に「ございます」が付くときは、「―く」が「―う」となる（ウ音便）。

例 暑く＋ございます → （⑦）

形容詞「暑い」の連用形

3 形容動詞と他の品詞の識別

＞形容動詞／名詞＋だ

例 解釈《かいしゃく》の仕方は自由だ。＝「自由な解釈」→（⑧）　活用できる

大切なのは自由だ。＝「大切なのは平等だ」→ 名詞＋だ　他の名詞に置き換えられる

＞形容動詞／連体詞

例 巨大《きょだい》なビルが建つ。＝○「ビルは巨大だ」→ 形容動詞　活用できる

大きな犬を飼っている。＝×「犬は大きだ」→（⑨）　活用できない

＞形容動詞／副詞

例 兄は元気に働いている。＝○「元気な兄」→ 形容動詞　活用できる

私たちはすぐに出発する。＝×「すぐな出発」→（⑩）　活用できない

4 補助動詞と補助形容詞…用言の下に付いて意味を添《そ》える働きをする。

＞補助動詞…「いる・みる・おく・ある」など。

例 強い風が吹《ふ》いている。→「吹いて」と「いる」は二文節になり、（⑪）の関係になる。

例 とにかくやってみる。→「試《ため》しにする」の意。

＞補助形容詞…「ない・ほしい」など。

例 今日は寒くない。→（⑫）の意。

例 私の話を聞いてほしい。→「そうしてもらいたい」という願望の意味を添える。

+α 補助形容詞の「ない」の直前には「は」を入れられる。

例 寒くない
→寒くはない

解答 別冊 p.07

さくっとマルつけ E-09

10分

10点アップ！

1 次の――線部の形容詞の活用形をあとのア～オから一つずつ選び、記号で答えなさい。同じ記号を二度選んでもかまいません。

1 氷に触《ふ》れたら、とても冷たかった。（　）
2 展望台から見える風景が美しい。（　）
3 みんなが楽しければ、それで満足だ。（　）
4 秋になり、木の葉が赤くなる。（　）
5 暑いときは窓を開けてください。（　）
6 今頃《いまごろ》、山の上はさぞ寒かろう。（　）

ア 未然形　イ 連用形　ウ 終止形
エ 連体形　オ 仮定形

2 次の――線部の形容動詞の活用形をあとのア～オから一つずつ選び、記号で答えなさい。同じ記号を二度選んでもかまいません。

1 きれいな花を庭に植える。（　）
2 彼《かれ》のことだから、たぶん元気だろう。（　）
3 休日は自宅で静かに過ごす。（　）
4 午後の行動は各自の自由です。（　）
5 初めて見た演劇は感動的だった。（　）
6 明日の天気がよければ出かけよう。（　）

ア 未然形　イ 連用形　ウ 終止形
エ 連体形　オ 仮定形

点UP

3 次の文から形容詞または形容動詞を一つずつそのまま抜《ぬ》き出し、その活用形も答えなさい。

1 祖父の家にある柱時計はとても古かった。
形容詞（　）　活用形（　）
2 友達の家には、とてもかわいい犬がいる。
形容詞（　）　活用形（　）
3 スマートフォンの操作がもっと簡単ならばよかったのに。
形容動詞（　）　活用形（　）
4 このセーターは肌触《はだざわ》りがなめらかで心地《ここち》よい。
形容動詞（　）　活用形（　）

4 次のア～エの文のうち、――線部が形容動詞であるものを全て選び、記号で答えなさい。

ア 明日の会議で重要な報告が行われる。
イ おかしな形の置物がいくつもある。
ウ 彼女《かのじょ》は立派に務めを果たした。
エ 日が暮れてからすでに二時間がたった。
（　）

5 次の文から〔　〕内の言葉を一つずつそのまま抜き出しなさい。

1 試供品を一口、食べてみる。〔補助動詞〕（　）
2 彼が遅《おく》れるのは珍《めずら》しくない。〔補助形容詞〕（　）

ヒント
1 2 形容詞・形容動詞の連用形は、「た・ない・なる・ございます」があとに付く。 4 形容動詞は活用する自立語。「～だ」「～な」などと活用できるか確かめる。

10

2章 文法 助動詞

10分

基本をチェック

❶ 助動詞…活用する付属語。❶（　　　　）や名詞、他の助動詞に付く。意味を付け加えたり、気持ちや判断を表したりする。

❷ 主な助動詞

れる・られる
・受け身　例 名前を呼ばれる。（何かをされる）
・❷（　　　　）　例 すぐ覚えられる。（何かができる）
・自発　例 故郷が思い出される。（自然とそうなる）
・尊敬　例 先生が入って来られる。（敬う）

確認
「れる・られる」は未然形に接続する。
例 ◯ 呼ばれる
× 呼べれる

せる・させる…何かを強制する。
・使役《しえき》　例 文を読ませる。よく考えさせる。

た
・❸（　　　　）　例 昨日は雨だった。（以前のこと）
・完了《かんりょう》　例 やっと終わりました。（終了する）
・存続　例 よく味がしみた煮物《にもの》。（続いている）

+α
存続の「た」は、「～している」と置き換《か》えられる。

たい・たがる…望む。
・希望　例 たくさん遊びたい。　子供が泳ぎたがる。

う・よう・だろう
・推量　例 事業は成功するだろう。（想像・予想する）
・❹（　　　　）　例 僕《ぼく》も参加しよう。（何かをしようとする）
・勧誘《かんゆう》　例 今度、遊びにいこう。（誘《さそ》う）

ない・ぬ（ん）…否定する。
・❺（　　　　）　例 私は絵は描《か》かない。　知らぬが仏。

まい
・打ち消しの推量　例 うまくいくまい。（そうならないと思う）
・打ち消しの意志　例 二度と買うまい。（そうしないと思う）

らしい
・推定　例 雪が降るらしい。（推し量《お》る）

確認
・「推量」…根拠《こんきょ》のあるなしにかかわらず推し量る。
・「推定」…確かな根拠に基《もと》づいて推し量る。

ようだ・ようです
・推定　例 今試合が終わったようだ。（推し量る）
・❻（　　　　）　例 まるで鳥のようだ。（何かにたとえる）

そうだ・そうです
・様態　例 雨がやみそうだ。（様子や状態から推し量る）
・❼（　　　　）　例 雨はやむそうだ。（人から伝え聞く）

＊「様態」は動詞の連用形などに接続し、「伝聞」は終止形に接続する。

だ・です…言い切る。
・❽（　　　　）　例 あの人が社長だ。　父は医師です。

ます…丁寧《ていねい》に言う。
・❾（　　　　）　例 私がご説明します。

解答
別冊 p.07

さくっとマルつけ
E-10

10分

1 次の――線部の「れる・られる」の意味を、あとのア〜エから一つずつ選び、記号で答えなさい。

1 お客様が会場に来られる。（　　）
2 春の到来《とうらい》がしみじみと感じられる。（　　）
3 工場でたくさんの製品が作られる。（　　）
4 ご飯をたくさん食べられる。（　　）

ア 受け身　イ 可能　ウ 自発　エ 尊敬

2 次の――線部の助動詞の意味をあとから一つずつ選び、記号で答えなさい。

1 ① 歩道に積み重なった落ち葉を片づけた。（　　）
② この前の日曜日は映画を見に行った。（　　）
ア 過去　イ 完了《かんりょう》　ウ 存続

2 ① あやまちを二度と犯《おか》すまい。（　　）
② こんな所に野生のクマはいるまい。（　　）
ア 打ち消しの推量　イ 打ち消しの意志

3 ① 雨がやんだから、夕立は通り過ぎたようだ。（　　）
② あの山の形は帽子《ぼうし》のようだ。（　　）
ア 推定　イ たとえ

4 ① 列車はあと十五分で到着するそうだ。（　　）
② もう少しで授業が終わりそうだ。（　　）
ア 様態　イ 伝聞

点UP

3 次の――線部の助動詞の意味をあとのア〜エから一つずつ選び、記号で答えなさい。

1 誰《だれ》よりも速い球を投げられる。（　　）
2 遊園地は楽しかった。（　　）
3 あの雲はまるで羊のようだ。（　　）
4 明日の試合は中止だそうだ。（　　）

ア 過去　イ たとえ　ウ 可能　エ 伝聞

5 ① 私もお手伝いしよう。（　　）
② そろそろ休憩《きゅうけい》しようよ。（　　）
③ 明日は痛みも引いているだろう。（　　）
ア 推量　イ 意志　ウ 勧誘《かんゆう》

4 次の文の□にあてはまる助動詞を、あとの□の中から一つずつ選び、書きなさい。

1 母は、私に料理をさ□。（　　）
2 ねえ、一緒《いっしょ》に行こ□よ。（　　）
3 幼い妹は姉のまねばかりし□。（　　）
4 どうやら週末は雨になる□。（　　）

| らしい | たがる | せる | う |

ヒント

2 4 助動詞「そうだ」は、直前の動詞が連用形なら様態、終止形なら伝聞。4 1 の文は使役《しえき》、2 の文は勧誘、3 の文は希望、4 の文は推定の意味。

11 2章 文法 助詞

基本をチェック

10分

1 助詞…活用しない付属語。（①）や用言、助動詞、他の助詞など、いろいろな語に付いて、意味を付け加えたり、語句と語句の関係を示したりする。助詞は四種類ある。

2 格助詞…主に（②）に付いて、あとに続く語との関係を示す。「の・が・を・に・と・で・から・へ・より・や」など。

の ・連体修飾語《しゅうしょく》を作る。例 私の家。→（③）があとに続く。

・（④）を表す。例 私の書いた手紙。→「が」に置き換《か》えられる。

・体言の代用 例 これが私のです。→「のもの［こと］」に置き換えられる。

が ・主語を表す。例 犬がほえている。

・対象を表す。例 私はお茶がほしい。

と ・（⑤）を表す。例「こんにちは。」と言った。

3 接続助詞…主に（⑥）する語（用言・助動詞）に付き、前後をつなぐ。「ば・が・て［で］・から・と・けれど・ので」など。

ば ・条件を表す。例 よく読めばわかる。

が ・（⑦）を表す。例 走ったが、間に合わなかった。

て［で］ ・（⑧）の関係を表す。例 料理を作っている。

・続いて起こることを表す。例 早起きして勉強する。

から ・理由を表す。例 疲《つか》れたから休もう。

と ・条件などを表す。例 春になると桜が咲《さ》く。

+α 「から」の識別

・格助詞…直前の語が活用しない。例 掃除《そうじ》をすませてから出かける。（助詞）

・接続助詞…直前の語が活用する。例 掃除をすませたから出かける。（助動詞）

4 （⑨）…いろいろな語に付いて、意味を付け加える。「は・こそ・も・しか・まで・だけ・など・さえ・とか」など。

は ・題目を示す。例 電話は通信の手段だ。

・限定する。例 甘《あま》いものは食べません。

こそ ・強調する。例 今度こそ勝とう。

確認 主語を表す助詞でも種類が異なる。
・は・も・こそ…副助詞
・が…格助詞

5 終助詞…（⑩）や文節のあとに付いて、話し手・書き手の気持ちを表す。「か・な・なあ・かしら・ね・よ・さ」など。

か ・疑問・勧誘《かんゆう》を表す。例 仕事はもう終わりましたか。

・（⑪）を表す。例 そんなことがあるだろうか。（「あるはずがない」という意味）

な ・禁止などを表す。例 もうそれ以上聞くな。

解答 別冊 p.08

さくっとマルつけ E-11

10点アップ！

10分

1 次の文から助詞を全て抜《ぬ》き出しなさい。

1 小鳥が枝の上でさえずる。（　）（　）
2 この町はさまざまな人が住んでいる。（　）（　）
3 努力したのに結果がよくなかった。（　）（　）
4 これも割引になりますか。（　）（　）

2 次の――線部の助詞の種類をあとのア〜エから一つずつ選び、記号で答えなさい。

1 辞書がないので調べられない。（　）
2 駅前で待ち合わせをする。（　）
3 すばらしい景色だなあ。（　）
4 僕《ぼく》はその意見に賛成です。（　）

ア 格助詞　イ 接続助詞
ウ 副助詞　エ 終助詞

3 次の――線部の助詞の意味や種類をあとから一つずつ選び、記号で答えなさい。

1
① 私が欲《ほ》しかったのはこのバッグです。（　）
② 祖母の作ったクッキーはおいしい。（　）
③ 店の前に立て看板を出す。（　）

ア 連体修飾語《しゅうしょく》　イ 主語　ウ 体言の代用

2
① 故郷にいる母から手紙がきた。（　）
② のどがかわいたから水を飲む。（　）

ア 格助詞　イ 接続助詞

3
① 次の試合で勝つと予選突破《とっぱ》だ。（　）
② 「止まれ。」と叫《さけ》んだ。（　）

ア 格助詞　イ 接続助詞

点UP

4 次のア〜エの文のうち、――線部の助詞の種類が他と異なるものを一つ選び、記号で答えなさい。

ア おもしろい話を聞いたので友達に話した。
イ 頑張《がんば》って練習したのに優勝を逃《のが》した。
ウ 大きくて重いかぼちゃを運ぶ。
エ 急に雨が降ってきたので、雨宿りをする。

（　）

5 次の文の［　］にあてはまる助詞を、あとの［　］の中から一つずつ選び、書きなさい。

1 あなた［　］委員長にふさわしい。（　）
2 あなた［　］委員長にふさわしい人はいない。（　）
3 委員長にふさわしいのはあなた［　］です。（　）

［さえ　だけ　こそ　ほど］

ヒント
1 助動詞や用言の活用語尾《ごび》と助詞を見分ける。**4** 助詞の直前の語が活用するかどうかで見分ける。**5** 1 は強調、2 は比較《ひかく》、3 は限定の意味になる。

12 まぎらわしい品詞の識別

2章 文法

10分

基本をチェック

解答 別冊 p.09

さくっとマルつけ E-12

1 ない

①（　　）（＝打ち消し） 例 野球はよく知らない。「ぬ」に置き換《か》えられる（○知らぬ）。

形容詞 例 余裕《よゆう》がない。「ぬ」に置き換えられない（×余裕がぬ）。

補助形容詞 例 今日は暑くない。上に「は」を入れられる（○暑くはない）。

形容詞の一部 例 観客が少ない。「少ない」で一語になる。

2 で

格助詞 例 車で出かける。②（　　）のあとに付く。

接続助詞 例 雑誌を読んでいる。動詞の音便形《おんびん》「ん・い」に付く。

助動詞（断定） 例 東京は大都市である。名詞のあとに付く。「〜な」の形にはできない（×大都市な）。

形容動詞の活用語尾《ごび》 例 気候が温暖である。「〜な」の形にできる（○温暖な気候）。

3 だ

形容動詞の活用語尾 例 着物が華《はな》やかだ。「〜な」の形にできる（○華やかな着物）。

③（断定） 例 この小説は名作だ。名詞のあとに付く。「〜な」の形にはできない（×名作な小説）。

助動詞（過去） 例 お米をといだ。動詞の音便形「ん・い」に続く。

4 に

格助詞 例 友人に連絡《れんらく》する。名詞のあとに付く。

接続助詞の一部 例 電話したのに出ない。「のに」でひとまとまりになり、④（　　）の働きをする。

助動詞の一部 例 楽しそうに話す。雪のように白い花。「そうに」「ように」で一語になる（○楽しそうだ・雪のようだ）。

⑤（　　）の活用語尾 例 廊下《ろうか》を静かに歩く。「〜だ」「〜な」の形にできる（○静かだ・静かな）。

副詞の一部 例 すぐに出発する。「すぐに」で一語になる。活用できない（×すぐな）。

5 ある

動詞 例 美しい庭園がある寺。「存在する」と言い換えられる（○庭園が存在する）。

⑥（　　） 例 ある日の出来事。名詞があとに続く。「存在する」と言い換えられない（×存在する日）。

6 と

格助詞 例 猫《ねこ》と遊ぶ。名詞のあとに付く。

⑦（　　） 例 頑張《がんば》ってよかったと思う。（　　）のあとに付く。

副詞の一部 例 ほんのりと甘《あま》い味。「ほんのりと」で一語になる。

10分

1 次の――線部の品詞をあとのア～オから一つずつ選び、記号で答えなさい。

1 財布《さいふ》をなくして泣きそうになる。（　）
2 常に努力を怠《おこた》らない。（　）
3 スーパーに買い物に行く。（　）
4 パーティー会場をきれいに飾《かざ》る。（　）
5 応援《おうえん》を頼《たの》んだのに断られた。（　）

ア 格助詞
イ 接続助詞の一部
ウ 助動詞の一部
エ 形容動詞の活用語尾《ごび》
オ 副詞の一部

点UP

2 次の――線部「ない」と同じ品詞の語をあとのア～エから一つ選び、記号で答えなさい。

・今日はどこへも出かけない。

ア 父は、最近機嫌《きげん》がよくない。
イ 作文がなかなか書けない。
ウ 本を読みたいのだが、今は時間がない。
エ あどけない笑顔《えがお》をしている。

（　）

3 次の――線部の品詞をあとのア～エから一つずつ選び、記号で答えなさい。

1 よくかんでゆっくり食べる。（　）
2 彼女《かのじょ》はいつも元気で明るい。（　）
3 秋晴れでとてもさわやかだ。（　）
4 人間は孤独《こどく》なものである。（　）

ア 格助詞
イ 接続助詞
ウ 助動詞（断定）
エ 形容動詞の活用語尾

4 次の――線部の単語の品詞をあとのア～コから一つずつ選び、記号で答えなさい。

親譲《おやゆず》りの①無鉄砲《むてっぽう》で子供②の時から損ばかりしている。小学校にいる時分学校の二階から飛び降り③て一週間ほど腰《こし》を抜《ぬ》かし④た事⑤がある。⑥なぜそんな無闇《むやみ》をした⑦と聞く人が⑧あるかも知れ⑨ぬ。別段深い理由でもない。

（夏目漱石《なつめそうせき》『坊《ぼ》っちゃん』より）

ア 副詞
イ 動詞
ウ 形容詞
エ 形容動詞
オ 助動詞（打ち消し）
カ 助動詞（過去）
キ 格助詞（主語）
ク 格助詞（連体修飾《しゅうしょく》語）
ケ 格助詞（引用）
コ 接続助詞

①（　）②（　）③（　）
④（　）⑤（　）⑥（　）
⑦（　）⑧（　）⑨（　）

ヒント

1「出かけない」は「出かけぬ」と置き換《か》えられる。助動詞（打ち消し）・形容詞・補助形容詞・形容詞の一部を見分ける。2「に」が一語ではなく、品詞の一部でないかに注意する。3「で」の前にある品詞に着目する。

13 敬語 3章 表現

10分

☑ 基本をチェック

❶ **尊敬語**…話題の中の人物の動作や行為《こうい》を高めることで、その人物に対する敬意を表す敬語。
- 特別な動詞を使う形　例 先生がおっしゃる。
- 「お［ご］～になる」の形　例 先生がお話しに（❶　　　　）。
- 助動詞を使う形　例 先生が話される。（「れる」が助動詞）

❷ **謙譲語**《けんじょうご》…自分や自分に近い人の動作や行為をへりくだって言うことで、相手に対する敬意を表す敬語。
- 特別な動詞を使う形　例 先生のお宅に伺《うかが》う。
- 「お［ご］～する」の形　例 先生のお話をお聞き（❷　　　　）。

❸ **丁寧語**《ていねいご》…話し方（書き方）を丁寧にすることで、聞き手（読み手）に対する敬意を表す敬語。
- 助動詞「です・（❸　　　　）」や「ございます」を使う形
  例 彼《かれ》が山田くんです。　私が伝えます。　お願いがございます。

❹ **名詞の敬語表現**…「お」「ご」や「貴」「拙」などの接頭語を名詞に付けて、敬意を表す場合がある。
- 尊敬　例（お客様からの）お手紙・ご意見　貴社・芳名《ほうめい》
- 謙譲　例（お客様への）お知らせ・ご案内　弊社《へいしゃ》・拙宅《せったく》

■ **美化語**…話し手（書き手）が**自分自身の言葉を上品に表す**言い方。
- 接頭語「お・（❹　　　　）」を用いることが多い。
  例 お湯をわかす。　ご飯を食べる。

■ 敬語に用いる特別な動詞

動詞	尊敬語	謙譲語
する	なさる	いたす
食べる	（❺　　　　）	いただく
言う・話す	おっしゃる	申す・申し上げる
行く・来る	いらっしゃる・おいでになる	参る・伺う
いる	いらっしゃる・おいでになる	おる
見る	ご覧になる	（❻　　　　）
聞く	―	伺う・承《うけたまわ》る
やる	―	さしあげる
もらう	―	（❼　　　　）
くれる	くださる	―

❺ **間違**《まちが》**えやすい敬語表現**
- 自分自身や身内の者には尊敬語を使わない。
  × お父さんが先生にお会いになる。（「お～になる」は尊敬語）
  ○（❽　　　　）が先生にお会いする。
- 敬語を重ねて使いすぎないようにする。
  × お客様がお礼をおっしゃられる。（「おっしゃる」「れる」）
  ○ お客様がお礼を（❾　　　　）。

解答　別冊 p.09

さくっとマルつけ　E-13

10点アップ！ 10分

1 次の――線部が尊敬語ならA、謙譲語《けんじょう》ならB、丁寧語《ていねい》ならCで答えなさい。

1 これから先生がお話しになる。（　　）
2 訪問先でお食事をいただく。（　　）
3 先生のお宅にご挨拶《あいさつ》に伺《うかが》う。（　　）
4 その品物はこちらにございます。（　　）
5 来客に入場券をお渡《わた》しする。（　　）

2 次の――線部の敬語の使い方が適切であれば○、そうでなければ×で答えなさい。

1 先生がこちらにいらっしゃる。（　　）
2 お客様にお土産《みやげ》をさしあげる。（　　）
3 私が会場へご案内になります。（　　）
4 母が明日電話なさいます。（　　）
5 方言を研究されている先生にお会いする。（　　）

3 次の――線部の動詞を、特別な動詞を使う敬語に変えなさい。

1 校長先生は校長室にいる。（　　）
2 お客様がお菓子《かし》を食べる。（　　）
3 先生から大事な話を聞く。（　　）
4 お世話になった方にお礼を言う。（　　）
5 先生が私の描《か》いた絵を見る。（　　）

点UP

4 次のア〜オの文のうち、正しい敬語を使った文を全て選び、記号で答えなさい。

ア 私は、もう十分にいただきました。
イ 先生のお宅には、犬は何匹《なんびき》いらっしゃるのですか。
ウ 父が明日、出張からお帰りになります。
エ このバスは満員ですので、ご利用になれません。
オ 校長先生がお話しになられていらっしゃいます。

（　　）

5 次の文を、「お〔ご〕〜になる」の形の尊敬語か、「お〔ご〕〜する」の形の謙譲語を使って、敬意を表した文に書き換《か》えなさい。

1 昨日、街で偶然《ぐうぜん》先生に会った。
（　　）
2 私がお客様を案内します。
（　　）
3 家にあった書物を研究者の方に貸す。
（　　）
4 このペンを使ってください。
（　　）
5 右端《みぎはし》のエレベーターは使用できません。
（　　）

ヒント
4 自分自身や身内の者、動物には尊敬語を使わない。**5** 1〜3は謙譲語に、4・5は尊敬語に書き換える。

14 3章 表現 わかりやすい表現の仕方

10分

解答 別冊 p.10

さくっとマルつけ E-14

基本をチェック

1 文節の対応…文節・連文節の結びつきが適切でないと、読む人に不自然な印象を与《あた》えてしまう。主語と述語が対応していないことを、文がねじれているという。

＞主・述を対応させる。

例 × この本をお薦《すす》めするのは、とてもおもしろいと思います。（主語／述語　主・述がねじれている）

○ この本をお薦めするのは、とてもおもしろいと思う（ ① ）です。

例 × 今年の目標は本を十冊読みます。（主語／述語　主・述がねじれている）

○ 今年の目標は本を十冊読む（ ② ）です。

例 × 私の作文が学校新聞に掲載《けいさい》している。（主語／述部…受け身になっていない）

○ 私の作文が学校新聞に掲載（ ③ ）いる。

確認 述部が「～する」（能動態）か、「～される」（受動態）かに注意する。

＞修飾《しゅうしょく》部が長くなるのを避《さ》ける。

例 暖かく穏《おだ》やかな陽気が続く日々が思い出される。（修飾部がどこに係るかわかりにくい）

二文に分けて、指示語でつなぐ

○ 暖かく穏やかな陽気が続く。そんな日々が思い出される。

2 曖昧《あいまい》な文…文節の係り受けが曖昧な文は意味がわかりにくくなる。

■ **修飾部がどこに係るのかがわかりにくい文**

例 大きな美しい庭のある家に住んでいる。（どちらに係るのかが曖昧）

「大きな」が「家」に係る場合

・大きな、美しい庭のある家に住んでいる。（意味の切れ目に読点を打つ）

・美しい庭のある大きな家に住んでいる。（語順を入れ替《か》える）

確認 主語と述語、修飾語と被修飾語の関係を「係り受け」という。

例 音楽会に出る友人の妹に会った。

「音楽会に出る」のは友人なのか、友人の妹なのかが不明。

・音楽会に出る、友人の妹に会った。（意味の切れ目に読点を打つ）

・音楽会に出る友人がいて、（ ④ ）妹に会った。（指示語でつなぐ）

■ **打ち消しの表現がわかりにくい文**

例 彼《かれ》のように努力することができない人は成功しないだろう。（どちらに係るのかが曖昧）

＞「彼」が努力している場合

彼のような努力ができないと、成功しないだろう。（「ような」とする）

＞「彼」が努力していない場合

彼は努力することができないが、そういう人は成功しないだろう。（指示語でつなぐ）

10点アップ！

10分

1 次のア～エの文のうち、主・述の関係が適切なものを一つ選び、記号で答えなさい。

ア　私の希望は、人の役に立つ仕事をしたい。
イ　僕《ぼく》の弟は、僕より四歳《よんさい》年下で小学生の弟だ。
ウ　美しい絵画は、人の心をいやされる。
エ　彼《かれ》を信用できるのは、とてもまじめだからだ。

（　　）

2 次の文が 1 ・ 2 のそれぞれの意味になるように読点を一つ打ちなさい。

・私は母のように絵を描《か》くのが得意ではない。

1 「母」は絵を描くのが得意だ
私は　母の　ように　絵を　描くのが　得意では　ない。

2 「母」も絵を描くのが得意ではない
私は　母の　ように　絵を　描くのが　得意では　ない。

3 次の文を、主・述の関係が適切な文にするにはどうしたらよいですか。あとのア～エから一つ選び、記号で答えなさい。

・市民の要望は、休日をゆっくり過ごせる公園です。

ア　主部を述語「公園です」のすぐ前に置く。
イ　「公園です」を「公園を造ることです」に変える。
ウ　「休日を」のあとに読点を打つ。
エ　主部「市民の要望は」を「市民は」に変える。

（　　）

点UP

4 次の文を、文節（連文節）の係り受けが適切な文に書き換《か》えなさい。

1 私にはそれが大きな問題だとは思わない。
（　　）

2 私の意見は皆《みな》で話し合うことが重要だというのが意見です。
（　　）

3 計画では花壇《かだん》を移動させる計画です。
（　　）

5 次の文が〔　〕内の意味になるように、読点を打ったり、文節を入れ替《か》えたりして書き換えなさい。

1 私は山田さんと中田さんに話した。〔話したのは私だけ〕
（　　）

2 今日いとこが試験に合格したと知った。〔知ったのが今日〕
（　　）

3 母は楽しそうに料理する子供たちを見ていた。〔楽しそうなのは子供たち〕
（　　）

4 小さな赤いかばんを持っている女の子が私の妹です。〔小さいのは女の子〕
（　　）

ヒント
4 1 「私には…思わない」、2 「私の意見は…意見です」、3 「計画では…移動させる計画です」の対応を直す。
5 読点を打ったり、文節を入れ替えたりして修飾・被《ひ》修飾の関係を明確にする。

15 3章 表現 作文・手紙

10分

基本をチェック

❶ 原稿《げんこう》用紙の一般《いっぱん》的な使い方

- 題名…一行目の上から二、❶（　　）マス目から書く。　A
- 名前…次の行に下から❷（　　）、二マス空けて書く。　B
- 本文の書き出しや段落の初め…❸（　　）字下げる。　C
- 会話文…「　」でくくり、行を変えて一マス目から書く。
- 句読点・会話を閉じるかぎかっこ(」)…原則として一マス使って書く。行の初めにくるときは、前の行の❹（　　）のマスに文字と一緒《いっしょ》に書く。　D

A（題名は上から二、三マス目）

芥川龍之介『トロッコ』を読んで
山本　文英　B
少年は、トロッコを押してやろうかと土工たちに申し出る。初めは「登り路の方が好い」D
と感じたのに、すぐに「押すよりも乗る方が
ずっと好い」と変化するところがおもしろい。D
C

❷ 課題作文を書くときの注意点

- 条件に従って書く…「○字以上、△字以内」などの字数、「一段落目に具体例、二段落目に自分の意見を書く」などの段落構成を守る。
- 文末の表記…文末は、敬体（です・ます）か❺（　　）（である・だ）のどちらかに統一する。
- 文章を推敲《すいこう》する…書いた文章は必ず読み直して、わかりやすい書き方になっているか、❻（　　）や脱字《だつじ》がないかなどを検討する。

確認　推敲　文章の言葉を練り直すこと。

❸ 手紙の書き方

- ❼（　　）と結語…組み合わせが決まっているので間違《まちが》えないようにする。　A
  例 拝啓《はいけい》―敬具　前略―草々　など
- 時候・安否の挨拶《あいさつ》…「…の候」など、❽（　　）の気候や自然を表す言葉を書き、そのあとで相手が元気かどうかを尋《たず》ねる。　B
  例 一月―新春の候　厳寒の候
  二月―立春の候　梅のつぼみもふくらむ頃《ころ》となりました。
- 主文・末文…主文で用件を伝え、末文で結びの言葉と結語を書く。　C
- あとづけ…日付・署名（自分の名前）・❾（　　）を書く。　D

A 拝啓　B 早春の候、先生にはおかれましてはいかがお過ごしでしょうか。

C このたび、三年B組の卒業生が同窓会を開くことになりました。つきましては、先生にぜひ…（中略）

時節柄くれぐれもご自愛ください。

敬具 A

D 三月三日
東山太郎
寺田光子先生

解答　別冊p.11

さくっとマルつけ　E-15

10分

1 次の原稿《げんこう》用紙に書かれた文章を読んで、あとの問いに答えなさい。

　修学旅行で一番印象に残ったのは、奈良の
古いお寺で見た仏像です。暗いお堂の中に三
体一組の仏像がひっそりと置かれていました
。ガイドさんが、「これは千年以上前に造ら
れたもので、国宝です。」と設明してくれた。
仏像の顔の塗料はところどころはげ落ちてい
て、威厳のある人物のように感じました。

点UP

1 この原稿には、原稿用紙の使い方の誤りが一つあります。その説明として正しいものを次のア～エから一つ選び、記号で答えなさい。

ア 段落の初めの文字を一字下げていない。
イ 「　」を書くのに一マス使っていない。
ウ 一マスの中に句点と閉じるかぎかっこを書いている。
エ 行の初めのマスに句点を書いている。

（　　　）

2 この文章中には、文末表現が不適切な語句が一つあります。その語句を一文節で抜《ぬ》き出し、正しく書き直しなさい。

誤（　　　）　正（　　　）

3 この文章中には誤字が一つあります。その語句を一文節で抜き出し、正しく書き直しなさい。

誤（　　　）　正（　　　）

2 次の手紙文を読んで、あとの問いに答えなさい。

> 拝啓　[A]の候、皆様がたにはいかがお過ごしでしょうか。こちらは引っ越しの荷ほどきもようやく終わり、少しずつ新しい住まいに慣れてきたところです。
> （中略）
> 夏休みにはお会いできることを楽しみにしております。　[B]
> 二〇△△年五月五日
> 山田良子
> 大川三郎様

1 [A]にあてはまる最も適切な言葉を次のア～エから一つ選び、記号で答えなさい。

ア 新春　イ 新緑　ウ 盛夏《せいか》　エ 初秋　（　　　）

2 [B]にあてはまる言葉を次のア～エから一つ選び、記号で答えなさい。

ア 敬具　イ 草々　ウ 拝復　エ 不一《ふいつ》　（　　　）

ヒント

1 1 原稿用紙に書くときは、句読点やかぎかっこ（「」）などの符号《ふごう》の書き方に注意する。2 文末表現は敬体か常体に統一する。2 1 あとづけにある日付が「五月五日」であることに着目する。

16 4章 読解 説明的文章

10分

基本をチェック

❶ 指示語…「**これ・それ・あれ・どれ**」などの、何かを指し示す言葉。

「（①）言葉」ともいう。

■ **指示語が指し示す内容の読み取り方**

> 指示語がある文の内容をとらえる。

> 指示語の（②）にある文を読み、つながる内容を探す。

> 見つけた答えを指示語にあてはめて、意味が通るか確認《かくにん》する。

確認
指示語が後ろの部分を指し示す場合もある。
例 こうも言える。人間は動物であると。

+α
そのままでは指示語にあてはまらない場合は、「～こと」「～もの」などの言葉を補う。
例 ずっと今のままでいる。それはできない。
＊「それ」＝「ずっと今のままでいること」

❷ 接続語…接続語から、語句と語句、文と文、段落間の**関係をとらえる**。

> （③）…だから・したがって・それで・すると
前で述べたことから順当に導かれることを述べる。

＊前が（④）・理由、あとが結果という関係になる。

> 逆接…しかし・ところが・けれども・だが
前で述べたこととは（⑤）のことを述べる。

＊逆接の接続語は要注意。そのあとで重要なことが述べられる。

> 説明・（⑥）…つまり・例えば・なぜなら
前で述べたことを言い換えたり、具体例や理由を示したりする。

> （⑦）・累加《るいか》…また・そして・しかも
前で述べたことに並べたり、付け加えたりする。

❸ 段落…説明的文章では、**指示語**や**接続語**を手がかりにして、**各段落の関係**をつかみ、**全体の構成**をとらえる。

> （⑧）…これから述べる話題を示し、「なぜ～なのだろうか」など問題提起をする。

＊話題をとらえるには、文章中に何度も出てくる語句＝（⑨）を手がかりにする。

> 本論…具体例を挙げたりして、詳《くわ》しい説明をする。

> （⑩）・まとめ…筆者の主張や考えを述べる。

確認
形式段落 初めを一字下げて表した段落。
意味段落 形式段落を内容によってまとめた段落。

❹ 要約と要旨《ようし》

> （⑪）…文章の重要な部分（要点）をとらえて短くまとめること。

> （⑫）…序論・本論・結論にそって、文章全体を整理してまとめること。

解答 別冊 p.11

さくっとマルつけ E-16

10点アップ！ 10分

■次の文章を読んで、あとの問いに答えなさい。

[1] 日本は米の国といっていいほど稲作《いなさく》の盛《さか》んな国です。人々は汗《あせ》水《みず》垂らして米作りに励《はげ》み、豊作のために祈《いの》りをささげる毎日を過ごしてきました。そうやって心血を注いで育てた稲《いね》が台風でだめになったり、イノシシやシカに食べられたりしたら、人々はどう感じたでしょうか。台風には逆らえませんから、ただ祈るしかありませんが、イノシシやシカには強い憎《にく》しみを感じたにちがいありません。そして、そのイノシシやシカを殺してくれるのがオオカミです。当然、オオカミは自分たちの味方と考えたことでしょう。［A］、オオカミは敬われ、神のようになっていきました。事実、オオカミをまつる三峯《みつみね》神社は、米の豊作祈願《きがん》の神社なのです。

[2] つまり、米を軸《じく》にした農業を営んだ日本では、稲を食べる草食《そうしょく》獣《じゅう》を殺してくれるオオカミは神として敬われるようになったのです。

[3] ［B］、現代の日本人は、オオカミを神のように敬ってはいません。それどころか、明治時代にはオオカミの徹底《てってい》的な撲滅《ぼくめつ》作戦が繰《く》り広げられ、その影響《えいきょう》もあって、日本のオオカミは、明治三十八年に捕獲《ほかく》された若いオスの記録を最後に絶滅《ぜつめつ》してしまったとされているのです。神として敬われていたことを考えると、この手のひらを返すような迫害《はくがい》は不思議な気もしますが、それには日本人のオオカミに対する見方の変化が関わっていると考えられるのです。

（令和三年版　東京書籍　新しい国語1　高槻成紀《たかつきせいき》『オオカミを見る目』より）

点UP

1 ――線部「そう」が指し示しているのはどういうことですか。文章中の言葉を用いて答えなさい。

日本の人々が、（　　　　）

2 ［A］・［B］にあてはまる接続語として適切なものを次のア～エから一つずつ選び、それぞれ記号で答えなさい。

A　ア ところが　イ 例えば　ウ したがって　エ また（　　）

B　ア さて　イ しかし　ウ そして　エ だから（　　）

3 [2]段落の役割として適切なものを次のア～エから一つ選び、記号で答えなさい。

ア 前の段落に別の内容を付け加える役割。
イ 前の段落と対等の内容を並べる役割。
ウ 前の段落から話題を変える役割。
エ 前の段落の内容を言い換《か》える役割。（　　）

4 この文章の要点を表す言葉を、[3]段落から十七字で抜《ぬ》き出しなさい。

□□□□□□□□□□□□□□□□□

ヒント
2 「つまり」という接続語に着目する。

17 4章 読解 文学的文章

10分

解答 別冊 p.12

さくっとマルつけ E-17

基本をチェック

1 場面…小説文は場面が移りながら話が展開する。

・（①　　　）…時代や季節、一日の時間帯などから、いつの出来事かを読み取る。

＊登場人物が過去を回想する場面が挿入《そうにゅう》されて、時間の流れが前後することがあるので注意する。

・（②　　　）…家の中や学校、自然や町の中など、そこがどこなのかを読み取る。

2 登場人物…小説文は、中心となる登場人物＝（③　　　）と周囲の人々とのやり取りを中心に話が展開する。

・人物の特徴《とくちょう》…人物の基本的な特徴をおさえる。

例 年齢《ねんれい》や性別、学年、職業など。

・人物どうしの関係…人物のふるまいや態度、（④　　　）（＝話した言葉）などから、登場人物どうしがどのような関係にあるのかをとらえる。

例 仲のよい関係なのか、対立している関係なのかなど。

+α リード文
小説文の冒頭《ぼうとう》にあるリード文には、場面や登場人物の基本的な情報が示されているので、必ずおさえる。

3 人物の心情…文章中の表現や描写《びょうしゃ》を手がかりにして、人物の心情を読み取る。

■ 登場人物の心情の読み取り方

・心情を表す言葉

・心情を直接表す言葉…「うれしい・悲しい・悔《くや》しい」など。

・（⑤　　　）表現…「心に穴があいたような」など。

・慣用句…「二の足を踏《ふ》む」など。

・行動・態度・表情…心情が表に出る。

・会話文…心の中の思いが直接語られる。

・出来事や人物の話した言葉…これらが（⑥　　　）となって、どのように心情が変化したのかを読み取る。

・（⑦　　　）…風景や目に見えるものの描写に登場人物の心情が表されていることがある。

例 空を見ると、今にも雨が降りだしそうな重い雲が広がっている。

＊曇《くも》った空の情景の描写 → 人物の沈《しず》んだ気持ちを表している。

+α 心の声
「心内語」ともいう。臨場感をもたらすために、心の中の声がかぎかっこ（「　」）なしで直接表現される。

4 人物像…どういう人柄《ひとがら》や性格の人物かをとらえる。

＊人物の言葉や行動・態度、心情を総合してとらえる。

5 随筆文《ずいひつ》…筆者が見聞きした（⑧　　　）や世の中の出来事、人物などに対して感想や考えを自由に書いたもの。「エッセイ」ともいう。

＊歴史的に、日本の文学に特徴的な形態の文章である。（p.46「枕《まくらの》草子《そうし》」「徒然草《つれづれぐさ》」）

10点アップ！

10分

■次の文章を読んで、あとの問いに答えなさい。

「ああ、王は利口だ。うぬぼれているがよい。私は、ちゃんと死ぬる覚悟《かくご》でいるのに。命乞《いのちご》いなど決してしない。ただ、——」と言いかけて、①メロスは足元に視線を落とし、瞬時《しゅんじ》ためらい、「ただ、私に情けをかけたいつもりなら、処刑《しょけい》までに三日間の日限を与《あた》えてください。たった一人の妹に、亭主《ていしゅ》を持たせてやりたいのです。三日のうちに、私は村で結婚《けっこん》式を挙げさせ、必ず、ここへ帰ってきます。」

「ばかな。」と暴君は、しゃがれた声で低く笑った。「とんでもないうそを言うわい。逃《に》がした小鳥が帰ってくると言うのか。」

「そうです。帰ってくるのです。」メロスは必死で言い張った。「私は約束を守ります。②私を三日間だけ許してください。妹が私の帰りを待っているのだ。そんなに私を信じられないならば、よろしい、この町にセリヌンティウスという石工がいます。私の無二の友人だ。あれを人質《ひとじち》としてここに置いていこう。私が逃げてしまって、三日目の日暮れまで、ここに帰ってこなかったら、あの友人を絞《し》め殺してください。頼《たの》む。そうしてください。」

それを聞いて王は、残虐《ざんぎゃく》な気持ちで、③そっとほくそ笑《え》んだ。生意気なことを言うわい。どうせ帰ってこないに決まっている。このうそつきにだまされたふりして、放してやるのもおもしろい。そうして身代わりの男を、三日目に殺してやるのも気味がいい。人は、これだから信じられぬと、わしは悲しい顔して、その身代わりの男を磔刑《たっけい》に処してやるのだ。世の中の、正直者とかいうやつばらにうんと見せつけてやりたいものさ。

（令和三年版　光村図書　国語2　太宰治《だざいおさむ》『走れメロス』より）

点UP

1　——線①「メロスは足元に視線を落とし、瞬時ためらい」とありますが、メロスがこのようにした理由として適切なものを次のア〜エから一つ選び、記号で答えなさい。

ア　心残りなことがあるから。
イ　本当は死ぬのがこわいから。
ウ　王に頼むのがいやだから。
エ　うそを言おうとしたから。

（　　）

2　王がメロスのことをたとえて言った言葉を文章中から六字で抜《ぬ》き出しなさい。

□□□□□□

3　——線②「私を三日間だけ許してください」とありますが、その代わりにメロスはどういうことを王に提案しましたか。次の文の□にあてはまる言葉を答えなさい。

・自分がここに帰ってこなかったら、□ということ。

4　——線③「そっとほくそ笑んだ」とありますが、ここから王はどのような人物だと考えられますか。あてはまらないものを次のア〜エから一つ選び、記号で答えなさい。

ア　見せしめに人を殺すことを喜ぶような残虐な人物。
イ　世の中の人は誰《だれ》も信じられないと悲しんでいる人物。
ウ　本心を隠《かく》してだまされたふりをするずるい人物。
エ　自分は誰よりも利口だとうぬぼれている人物。

（　　）

ヒント

4　王の内心にある「心の声」を直接表現している部分に着目する。

18

詩 4章 読解

10分

基本をチェック

❶ 詩の種類…使われている言葉や文法（文体）、音数に決まりがあるかないか（形式）によって分類される。

文体による分類

（①　　）…現在使われている話し言葉に近い文体で書かれた詩。

（②　　）…現在では使われていない古典の言葉・文法で書かれた詩。

形式による分類

（③　　）…五音・七音のように音数が決まっている詩。短歌や俳句も定型詩。

（④　　）…音数が決まっていない自由な形の詩。

（⑤　　）…普通《ふつう》の文章のように書かれた詩。

＊文体と形式による分類を合わせて、「文語定型詩」「口語自由詩」などと表す。

+α
詩の題材による分類の仕方もある。
・叙情詩《じょじょうし》…心情
・叙景詩…景色
・叙事詩…歴史上の事件など

❷ 詩の形式…文章の段落にあたる数行のまとまりを（⑥　　）という。第一連、第二連などと数える。

❸ 詩の表現技法

（⑦　　）…あるものを別のものにたとえて表現する方法。

「…ようだ」「…みたいだ」を使う直喩《ちょくゆ》と、使わない隠喩《いんゆ》がある。

例 花のように美しい。（直喩）　人生は旅だ。（隠喩）

（⑧　　）…人でないものを人にたとえる方法。

例 風のささやきを聞く。

（⑨　　）…対《つい》になった言葉を並べる表現。対立する意味や似た意味の語句を対比させる。

例 はてしない大空　どこまでも続く大地

（⑩　　）…体言（名詞）で文を終える。

例 目の前にある、まっすぐな一本の道。

（⑪　　）…語順を入れ替《か》えることで印象を強くする。

例 かなたに見える、私の未来が。

（⑫　　）…同じ言葉や同じリズムを繰《く》り返して強調する。

例 風が吹《ふ》く、いっそう風が吹く。

（⑬　　）…あるべき言葉をはぶいて余情を残す。

例 今日も、私はここにいる。そして、明日も。

❹ 詩の鑑賞《かんしょう》…次の点に着目して、作者の感動の中心（主題）をつかむ。

＞作者の意図する言葉の意味を読み取る。

＞情景を想像する。

＞作者が実際に見たり聞いたりして感じたことを書いているのか、作者の心の中にあることを書いているのかを識別する。

解答
別冊 p.12

さくっとマルつけ
E-18

10点アップ！

10分

■次の詩を読んで、あとの問いに答えなさい。

月夜の浜辺《はまべ》　中原中也《なかはらちゅうや》

月夜の晩に、ボタンが一つ
波打際《なみうちぎは》《ギワ》に、落ちてゐ《イ》た。

それを拾つて、役立てようと
僕《ぼく》は思つ《オモッ》たわけでもないが
なぜだかそれを捨てるに忍《しの》びず
僕はそれを、袂《たもと》に入れた。

月夜の晩に、ボタンが一つ
波打際に、落ちてゐた。

それを拾つて、役立てようと
僕は思つたわけでもないが
　月に向《むか》つ《ムカッ》てそれは抛《ほふ》れ《ホウ》ず
浪《なみ》に向つてそれは抛れず
僕はそれを、袂に入れた。

月夜の晩に、拾つたボタンは
指先に沁《し》み、心に沁みた。

月夜の晩に、拾つたボタンは
どうしてそれが、捨てられようか？

（令和三年版　東京書籍　新しい国語1　より）

1 この詩の種類を次のア～エから一つ選び、記号で答えなさい。

ア　文語定型詩　イ　文語自由詩
ウ　口語定型詩　エ　口語自由詩

（　　）

2 この詩で描《えが》かれているのは、どのような場面ですか。「いつ」「どこ」にあたる言葉を詩の中から抜《ぬ》き出しなさい。

いつ（　　）　どこ（浜辺の　　）

3 ――線部「どうしてそれが、捨てられようか？」とありますが、ボタンを捨てられない理由がわかる一行を詩の中から抜き出しなさい。

（　　）

点UP

4 この詩に見られる表現の特徴《とくちょう》として適切なものを次のア～エから一つ選び、記号で答えなさい。

ア　同じ言葉の繰《く》り返しによってリズムを生み出している。
イ　体言止めを使うことで余韻《よいん》を残している。
ウ　読者へ呼びかけることで強く訴《うった》えている。
エ　漢字を少なくして平易な印象を与《あた》えている。

（　　）

ヒント

3 拾ったボタンに対する愛着を表現している部分を見つける。

19 4章 読解 短歌・俳句

10分

基本をチェック

1 短歌の形式…五・七・五・七・七の（①　）音で詠《よ》まれる。それぞれ初句・二句・三句・四句・結句という。

例 夏のかぜ 山よりきたり 三百の 牧《まき》の若馬 耳ふかれけり　与謝野晶子《よさのあきこ》
（初句／二句／三句／四句／結句）

（②　）…一首の中で大きく意味が切れること。場所によって、初句切れ・二句切れ・三句切れ・四句切れ・句切れなしがある。

例 白鳥は かなしからずや 空の青 海のあをにも 染まずただよふ　若山牧水《わかやまぼくすい》
（二句切れ）
（白鳥はかなしくないのだろうか。空の青、海のあおにも染まらないでただよっている）

（③　）…定型の音数の五音や七音よりも多い場合をいう。定型の音数より少ない場合を字足らずという。

例 最上川《もがみがは》の 上空にして 残れるは いまだうつくしき 虹《にじ》の断片《だんぺん》　斎藤茂吉《さいとうもきち》
（六音（字余り）／八音（字余り））

2 俳句の形式…五・七・五の（④　）音で詠まれる。それぞれを初句・二句・結句という。

例 囀《さへづり》をこぼさじと抱く《だ》 大樹かな　星野立子《ほしのたつこ》
（初句／二句／結句）

俳句の決まり

（⑤　）…季節を表す言葉を詠み込《こ》む。気候・動物・植物・行事・生活などの語句。『歳時記《さいじき》』という本に分類されている。

春（二〜四月）	花冷え・桜・たんぽぽ・鶯《うぐいす》・蛙《かえる》・雛祭《ひなまつり》・雪解け
夏（五〜七月）	涼《すず》し・万緑《ばんりょく》・ほととぎす・蛍《ほたる》・浴衣《ゆかた》・麦の秋
秋（八〜十月）	夜長《よなが》・すすき・紅葉《もみじ》・赤蜻蛉《とんぼ》・芋《いも》・天の川・七夕
冬（十一〜一月）	雪・木枯《こが》らし・落葉《おちば》・白鳥・大根・咳《せき》・小春日

＊新年に分類される季語もある。例 元日・雑煮《ぞうに》
＊間違《まちが》えやすい季語に注意する。季語は昔の暦《こよみ》（旧暦《きゅうれき》）に基《もと》づくので、今の季節とは一〜二か月ずれているものがある。

（⑥　）俳句…音数の決まりを守らない俳句。

例 咳《せき》をしても一人　尾崎放哉《おざきほうさい》

季語がなく、音数の決まりも守らない俳句を無季自由律俳句という。

例 まつすぐな道でさみしい　種田山頭火《たねださんとうか》

（⑦　）…句の切れ目を示す。「や・かな・けり」など。

例 くろがねの秋の風鈴《ふうりん》鳴りにけり　飯田蛇笏《いいだだこつ》
（切れ字）

＊切れ字は感動の中心を表す部分に用いられる。

解答 別冊 p.13
さくっとマルつけ E-19

10分

10点アップ！

1 次の短歌を読んで、あとの問いに答えなさい。

A 観覧車回れよ回れ想《おも》ひ出は君には一日《ひとひ》我には一生《ひとよ》　栗木京子《くりききょうこ》

B くれなゐ《イ》の二尺《にしゃく》伸びたる薔薇《ばら》の芽の針やはら《ワ》かに春雨《はるさめ》のふる　正岡子規《まさおかしき》

C ＊不来方《こずかた》のお城の草に寝《ね》ころびて
空に吸《す》はれ《ワ》し
十五の心　石川啄木《いしかわたくぼく》

＊不来方…岩手県の盛岡《もりおか》の古い呼び方。

1 Aの短歌は何句切れですか。（　　）

2 Aの短歌の中から対句《ついく》になっている表現を抜《ぬ》き出しなさい。
（　　）と（　　）

3 Bの短歌の「やはらかに」がかかっている二つの言葉を抜き出しなさい。
（　　）と（　　）

4 Cの短歌の特徴《とくちょう》として適切でないものを次のア～エから一つ選び、記号で答えなさい。

ア 意図的に三行の形式で書かれている。
イ 歴史的仮名遣《かなづか》いで書かれている。
ウ 今の自らの境遇《きょうぐう》を嘆《なげ》いている。
エ 若い頃《ころ》の自分とふるさとを思い浮《う》かべている。（　　）

2 次の俳句を読んで、あとの問いに答えなさい。

A 赤い椿《つばき》白い椿と落ちにけり　河東碧梧桐《かわひがしへきごとう》

B 萬緑《ばんりょく》の中や吾子《あこ》の歯生え初《そ》むる　中村草田男《なかむらくさたお》

C 春風や闘志《とうし》いだきて丘《をか》に立つ　高浜虚子《たかはまきょし》

D 分け入つても分け入つても青い山　種田山頭火《たねださんとうか》

1 A・Bの俳句の季語とその季節を、それぞれ答えなさい。
A 季語（　　）季節（　　）
B 季語（　　）季節（　　）

2 Cの俳句には切れ字があります。切れ字がある句（五・七・五のどれか）をそのまま抜き出しなさい。（　　）

3 Dの俳句は五・七・五の定型ではありません。このような俳句を何というか答えなさい。（　　）俳句

点UP
4 Dの俳句の「青い山」が象徴《しょうちょう》しているものとして適切なものを次のア～エの中から一つ選び、記号で答えなさい。

ア 過去の罪悪
イ 将来における希望
ウ 人生の深い悩《なや》み
エ 自然を愛する心
（　　）

ヒント
1 4 作者は岩手県盛岡の出身で、このときは故郷を離《はな》れている。 2 4 作者は深い山の中を放浪《ほうろう》する旅を続けている。

20 5章 古典 古文１

古典の仮名遣い・古語の意味・助詞の省略／『竹取物語』

10分

解答 別冊 p.13

さくっとマルつけ E-20

基本をチェック

1 古典の仮名遣《かなづか》い…古典の仮名遣いを歴史的仮名遣いという。歴史的仮名遣いには、現代の仮名遣いとは異なるものがある。

＞語頭以外の「は・ひ・ふ・へ・ほ」→「わ・い・❶（　　）・え・お」

例 かはかみ→かわかみ／いふ→いう／いとほし→いとおし

＞「ゐ・ゑ・を」→「い・❷（　　）・お」

例 まゐる→まいる／こゑ→こえ／をとこ→おとこ

＞「ぢ・づ」→「じ・ず」

例 もみぢ→もみじ／よろづ→よろず

＞「あう・いう・えう」→「おう・ゆう・❸（　　）」

例 あうむ→おうむ

いうれい→ゆうれい（幽霊）

えうなし→ようなし（要無し）

＊「あう・いう・えう」以外も同様。

例 やうす→ようす／うつくしうて→うつくしゅうて

けふ→きょう（今日）

＞「くわ・ぐわ」→「か・❹（　　）」

例 くわじ→かじ（火事）

ぐわんじつ→がんじつ（元日）

＞「む」→「ん」と読む場合がある。

例 竹なむありける→竹なんありける

＋α **促音《そくおん》や拗音《ようおん》の表記**

古典の仮名遣いでは、促音や拗音（「きゃ・きゅ・きょ」など）を小さく書かない。

例 取つて

にようばう（女房）

2 古語の意味

＞現代では使われなくなった言葉がある。

例 いと（❺　　　）、とても）

うし（つらい・ゆううつだ）　のたまふ（❻　　　）

＞現代語と形は同じだが、主な意味が違《ちが》う言葉がある。

わろし（よくない）…他と比べて劣《おと》っているという意味。

例 あやし（不思議だ）　うつくし（❼　　　）

かなし（いとしい・かわいい・すばらしい）…人に情愛を感じる心情や、自然に心を打たれる心情を表す。

3 助詞の省略

＞❽（　　）や目的語を表す助詞が省略されることがある。

例 竹取《たけとり》の翁《おきな》といふ者〈が…主語を表す〉ありけり。

不死の薬の壺《つぼ》〈を…目的語を表す〉並べて、

＋α **主語を示す語**

「人物名＋、」のあとに述語が続くとき、人物名は主語を表す。

例 女、答へていはく、

（女が答えて言うには、）

4 『竹取物語《たけとりものがたり》』

＞平安時代の初め頃《ごろ》に作られたと考えられる。日本に現存する物語の中で最も❾（　　　）もの。作者はわかっていない。

＞紫式部《むらさきしきぶ》の書いた「❿（　　　）」の中に、「物語の出で来《き》はじめの祖《おや》」（物語のもとになった初めの作品）と表されている。

10点アップ！

10分

1 次の文章を読んで、あとの問いに答えなさい。

今は昔、竹取の翁《おきな》といふ者ありけり。野山にまじりて竹を取りつつ、よろづのことに使ひけり。名をば、さぬきのみやつことなむいひける。その竹の中に、もと光る竹なむ一筋《ひとすぢ》ありける。あやしがりて、寄りて見るに、筒《つつ》の中光りたり。それを見れば、三寸《さんずん》ばかりなる人、いとうつくしうてゐたり。

（『竹取物語』より）

＊三寸…一寸は約三センチメートル。

1 ──線a〜dの語を現代仮名遣《かなづか》いに直し、全て平仮名で答えなさい。

a（　　） b（　　）
c（　　） d（　　）

点UP 2 ──線①「竹取の翁といふ者」、③「筒の中」のあとに省略されている助詞を、それぞれ書きなさい。

①（　　） ③（　　）

点UP 3 ──線②「あやしがりて」、④「うつくしうて」の意味として適切なものを次のア〜エから一つずつ選び、それぞれ記号で答えなさい。

② ア 恐《おそ》ろしくて　イ うれしくて
ウ 不思議に思って　エ 気味が悪くて（　　）

④ ア 寂《さび》しそうな様子で　イ かわいらしい様子で
ウ 悲しげな様子で　エ 物静かな様子で（　　）

2 次の文章を読んで、あとの問いに答えなさい。

（くらもちの皇子《みこ》は、かぐや姫《ひめ》から、「蓬萊《ほうらい》の玉の枝を持ってきてほしい」という難題を出された。くらもちの皇子は、三年後に自らの冒険《ぼうけん》談をかぐや姫に語った。）

これやわが求むる山ならむと思ひて、さすがに恐ろしくおぼえて、山のめぐりをさしめぐらして、二、三日ばかり、見歩《あり》くに、天人のよそほひしたる女、山の中よりいで来て、銀《しろかね》の金鋺《かなまる》（銀のお椀（わん））を持ちて、水をくみ歩く。これを見て、船より下りて、「この山の名を何とか申す。」と問ふ。女、答へていはく、「これは、蓬萊《ほうらい》の山なり。」と答ふ。これを聞くに、うれしきことかぎりなし。

（『竹取物語』より）

1 ──線a〜dの語を現代仮名遣いに直し、全て平仮名で答えなさい。

a（　　） b（　　）
c（　　） d（　　）

点UP 2 ──線①「おぼえて」の意味として適切なものを次のア〜エから一つ選び、記号で答えなさい。

ア 困りはてて　イ 覚えていて
ウ 思われて　エ 思い出されて（　　）

3 ──線②「いで来て」、③「聞く」は誰《だれ》の動作か書きなさい。

②（　　）
③（　　）

ヒント

1 3 ②「あやしがりて」の主語は竹取の翁、④「うつくしうて」の主語は「三寸ばかりなる人」（＝かぐや姫）。
2 2 「おぼえて」は、現代語とは違《ちが》う意味で用いられている。

21 古文2（5章 古典）

係り結び・会話文／『枕草子』『徒然草』『平家物語』

10分

解答 別冊 p.14
さくっとマルつけ E-21

基本をチェック

1 係り結び…「こそ」「ぞ」のような係りの助詞が用いられると、文末の結びの形が変化する。この関係を（①　　）という。

例 その煙《けぶり》、いまだ雲の中へ立ち上るとぞ、言ひ伝へたる。
（その煙は、いまだ雲の中へ立ち上っていると、言い伝えている。）

係りの助詞には、次の種類と働きがある。

・こそ・ぞ・なむ…前の語を（②　　）する。

例 名をば、さぬきのみやつことなむいひける。〔強調〕
（名前を、さぬきのみやつこといった。）

・や・か…（③　　）や反語を表す。

例 これ知らぬ人はたれかあらむ。〔反語〕
（これを知らない人は誰《だれ》があろうか、いやいない。）

+α **反語**
疑問の形で問いかけることで、反対の気持ちを表す表現。

2 会話文…次の語に着目して読み取る。

「いふやう・曰《いは》く」（言うことには）…この直後から会話文が始まる。

「と・（④　　）」（と言って）…この直前で会話文が終わる。

「言ふ・申す・答ふ」などの言葉が使われる。

例 女、答へていはく、「これは、蓬莱《ほうらい》の山なり。」と答ふ。
（女が、答えて言うことには、「これは、蓬莱の山です。」と答える。）

3 『枕草子《まくらのそうし》』

（⑤　　）時代の十世紀末から十一世紀初めに書かれた随筆《ずいひつ》。

作者は、一条《いちじょう》天皇の中宮定子《ちゅうぐうていし》に仕えた（⑥　　）。

宮仕えしていたときに見聞きしたさまざまな出来事や、自然についての感想、人生観などを書き綴《つづ》ったもの。

確認 **随筆**
見聞きしたことや経験したこと、感じたことを自由に書き記した文章。

4 『徒然草《つれづれぐさ》』

（⑦　　）時代末期の成立。

作者は、鎌倉《かまくら》時代から南北朝時代にかけての歌人・文学者である（⑧　　）。

自然や人間を鋭《するど》く観察した話や、思い出、逸話《いつわ》、滑稽《こっけい》な話など、内容はさまざま。作者の（⑨　　）が表れているとされる。『枕草子』とならぶ日本の代表的な随筆である。

5 『平家《へいけ》物語』

鎌倉時代に成立した（⑩　　）（戦争・合戦《かっせん》を中心にした歴史物語）。

作者はよくわかっていない。

平家一門の隆盛《りゅうせい》から滅亡《めつぼう》までを描《えが》く。琵琶《びわ》法師《ほうし》の語り（平曲《へいきょく》）によって広く民衆に親しまれた。背景に「仏教思想」が流れている。

+α **仏教思想**
・諸行無常《しょぎょうむじょう》…この世のあらゆるものは、常に変化しつづけ、とどまっていない。
・盛者必衰《じょうしゃひっすい》…どんなに栄えた人々もいつかは必ず滅《ほろ》びる運命にある。

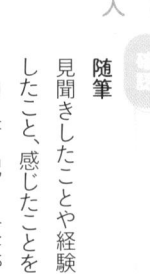

10点アップ！

10分

1 次の文章を読んで、あとの問いに答えなさい。

春はあけぼの。やうやう（だんだんと）白くなりゆく山際《やまぎは》、少し明《あ》かりて、紫《むらさき》だちたる（紫がかった）雲の細くたなびきたる。

夏は夜。月のころはさらなり①、闇《やみ》もなほ、蛍《ほたる》の多く飛びちがひたる。また、ただ一つ二つなど、ほのかにうち光りて行くもをかし②。雨など降るもをかし。

秋は夕暮れ。夕日の差して山の端《は》いと近うなりたるに（とても近くなった頃に）、烏《からす》の寝所《ねどころ》へ行くとて、三《み》つ四《よ》つ、二つ三つなど飛びいそぐさへあはれなり③。

（『枕草子《まくらのそうし》』より）

点UP

1 ——線①「さらなり」、②「をかし」、③「あはれなり」の意味として適切なものを次のア～エから一つずつ選び、記号で答えなさい。

① ア それほどでもない　イ そうではない　ウ 言うまでもない　エ 最もすばらしい

② ア 滑稽《こっけい》だ　イ 面白《おもしろ》い　ウ 美しい　エ 趣《おもむき》がある

③ ア 美しい　イ しみじみと心ひかれる　ウ かわいそうだ　エ ものがなしい

①（　　）②（　　）③（　　）

2 作者は、春、夏、秋の季節は、一日のうちでいつがよいと言っていますか。古文中からそれぞれ抜《ぬ》き出しなさい。

春（　　）夏（　　）秋（　　）

2 次の文章を読んで、あとの問いに答えなさい。

仁和寺《にんなじ》にある法師、年寄るまで石清水《いはしみづ》を拝まざりければ、心うく（残念に）覚えて、あるとき思ひたちて、ただ一人、徒歩《かち》より詣《まう》でけり。極楽寺《ごくらくじ》・高良《かうら》などを拝みて、かばかりと心得て帰りにけり①。

さて、かたへの人（仲間）にあひて、「年ごろ（長年の間）思ひつること、果たしはべりぬ。聞きしにも過ぎて、尊《たふと》くこそおはしけれ②。そも、参りたる人ごとに山へ登りしは、何事かありけん③、ゆかしかりしかど（知りたかったけれど）、神へ参るこそ本意《ほい》なれと思ひて、山までは見ず。」とぞ言ひける。

少しのことにも、先達《せんだち》はあらまほしきこと（あってほしい）なり。

（『徒然草《つれづれぐさ》』より）

点UP

1 ——線①「かばかりと心得て」とありますが、石清水についてどう思ったのですか。次のア～エから一つ選び、記号で答えなさい。

ア その様子にがっかりした。　イ 参らなくても十分と思った。
ウ これだけだと思い込《こ》んだ。　エ 拝むことができて満足した。

（　　）

2 ——線②「尊くこそおはしけれ」、③「何事かありけん」に用いられている係りの助詞を、それぞれ抜き出しなさい。

②（　　）③（　　）

点UP

3 作者の意見が表された一文を古文中から探し、初めの五字を抜き出しなさい。

□□□□□

ヒント
1 1 ここの②「をかし」、③「あはれなり」は、現代語とは意味が異なる。 2 3 随筆《ずいひつ》文では、作者の考えは文章の最後にまとめて書かれることが多い。

22 5章 古典 古文3

和歌・俳諧／主な和歌集・『おくのほそ道』

10分

解答 別冊 p.14

さくっとマルつけ E-22

基本をチェック

1 和歌…中国の詩である漢詩（「からうた」）に対する日本固有の歌。「（　①　）」とも呼ばれる。主に短歌のことを指す。

短歌…五・七・五・七・（　②　）の三十一音。

2 和歌の表現技法

（　③　）…特定の語を導き出すために直前に置かれる言葉。多くは五音で、リズムを整える役割もする。普通《ふつう》は、現代語に訳さない。

例 ひさかたの→光・空など　たらちねの→母
あしひきの→山　ちはやぶる→神

＊ほかには次のものがある。

例 春過ぎて夏来《きた》るらし白たへの　衣《ころも》干したり天《あめ》の香具山《かぐやま》　持統《じとう》天皇

（　④　）…一つの言葉に同じ音の複数の言葉の意味を重ねる表現。

例 大江山《おおえやま》いくのの道の遠ければまだふみも見ず天橋立《あまのはしだて》　小式部内侍《こしきぶのないし》
（行く・生野（地名）　文・踏《ふ》み）

ほかに、聞《き》く＝菊《きく》、待つ＝松、眺《なが》め＝長雨《ながめ》、降る＝経《ふ》る　など。

（　⑤　）…連想によってある言葉を導き出す語句。音数の制限はなく、その歌一回限りの場合が多い。現代語にも訳される。

例 あしひきの山鳥の尾《お》のしだり尾の　長長し夜をひとりかも寝《ね》む　柿本人麻呂《かきのもとのひとまろ》

3 主な和歌集

万葉集…（　⑥　）時代末期に成立。日本に現存する最古の和歌集。二十巻、約四千五百首。代表的な歌人は大伴家持《おおとものやかもち》、柿本人麻呂《かきのもとのひとまろ》など。

（　⑦　）和歌集…平安時代初期に成立。最初の勅撰《ちょくせん》和歌集（天皇や上皇が命じて作らせた和歌集）。二十巻、約千百首。代表的な歌人は紀貫之《きのつらゆき》、小野小町《おののこまち》、在原業平《ありわらのなりひら》など。

（　⑧　）和歌集…鎌倉《かまくら》時代初期に成立した第八勅撰和歌集。二十巻、約二千首。代表的な歌人は藤原定家《ふじわらのていか》、西行法師《さいぎょうほうし》など。

+α 万葉集の和歌の種類
・東歌《あずまうた》…東国地方の歌。
・防人歌《さきもりのうた》…防人（九州の防備にあたった兵士）やその家族が詠《よ》んだ歌。

4 俳諧《はいかい》

「俳諧の連歌《れんが》」を略した言葉で、江戸《えど》時代に確立した。五・七・五の長句と七・七の短句を複数の作者で交互《こうご》に重ねて作る。

最初の一句（発句《ほっく》）が後に独立して「（　⑨　）」になった。

5 『おくのほそ道』

江戸時代の紀行文。作者は（　⑩　）。

江戸を出て、東北・北陸を経て美濃国大垣《みののくにおおがき》（今の岐阜《ぎふ》県大垣市）に至る大旅行の体験を、文章と俳句（発句）を織り交ぜて記した。

松尾芭蕉《まつおばしょう》…江戸時代前期の俳人。（　⑪　）を特徴《とくちょう》としていた俳諧の芸術性を高め、独自の作風を確立させた。

10点アップ!

1 次の和歌を読んで、あとの問いに答えなさい。

A ちはやぶる神世《かみよ》も聞かずたつた河《がは》から紅《くれなゐ》に水くくるとは　在原業平《ありわらのなりひら》

B 山里は冬ぞさびしさまさりける人目も草もかれぬとおもへば　源 宗于《みなもとのむねゆき》

C 多摩川《たま》にさらす*手作りさらさらに何そこの児《こ》のここだ愛《かな》しき*　東歌《あずまうた》

D 見わたせば花も紅葉《もみぢ》もなかりけり浦《うら》の苫屋《とまや》*の秋の夕暮《ゆふぐれ》　藤原定家《ふじわらのていか さだいえ》

*さらす…布などを洗い乾《かわ》かす。　*ここだ愛しき…こんなにもいとおしい。
*浦の苫屋…海辺に点在する漁師の家。

1 和歌Aから枕詞《まくらことば》を抜《ぬ》き出しなさい。（　　）

2 和歌Bの――線部「かれぬ」は、「(人が)離《か》れぬ」と「(草が)枯《か》れぬ」という意味を重ねている。このような表現技法を何というか答えなさい。（　　）

点UP
3 和歌Cの――線部「多摩川にさらす手作り」は序詞《じょことば》である。序詞が導き出している語を、和歌から抜き出しなさい。（　　）

4 和歌Dには句切れが一つある。その前の五字を抜き出しなさい。（　　）

---

2 次の文章を読んで、あとの問いに答えなさい。

三代の栄耀一睡《えいえういっすい》のうちにして、大門《だいもん》の跡《あと》は一里こなたにあり。秀衡《ひでひら》が跡は田野《でんや》になりて、金鶏山《きんけいざん》のみ形を残す。まづ、高館《たかだち》に登れば、北《きた》上川《かみがは》南部より流るる大河なり。衣川《ころもがは》は、和泉《いづみ》が城《じやう》をめぐりて、高館の下《もと》にて大河に落ち入る。泰衡《やすひら》らが旧跡《きうせき》は、衣が関を隔《へだ》てて南部口をさし固め、夷《えぞ》を防ぐと見えたり。さても義臣すぐつてこの城に籠《こ》もり、功名一時の草むらとなる。「国破れて山河あり、城春にして草青みたり」と笠《かさ》打ち敷《し》きて、時のうつるまで涙《なみだ》を落としはべりぬ。

夏草や兵《つはもの》どもが夢の跡
卯《う》の花に兼房《かねふさ》見ゆる白毛《しらが》かな　曾良《そら》

（松尾芭蕉《まつおばしょう》『おくのほそ道』より）

1 ――線部「一睡のうちにして」とありますが、これは何を表現していますか。適切なものを次のア～エから一つ選び、記号で答えなさい。（　　）

ア 歴史のあやふやさ　イ 春の眠《ねむ》りの浅さ
ウ 過ぎた時間の長さ　エ 栄華《えいが》のはかなさ

2 この文章では、芭蕉が何をしている場面が書かれていますか。次の文の 1 ・ 2 に入る言葉を、古文中から抜き出しなさい。

●平泉《ひらいずみ》にある 1 に登って山河の風景を眺《なが》め、栄華《えいが》を誇《ほこ》った泰衡たちの 2 はどのあたりかともの思いにふけっている場面。

1（　　）2（　　）

点UP
3 「夏草や……」の俳句で詠《よ》まれている内容を表した一文を文章中から探し、初めの五字を抜き出しなさい。

ヒント
1 4 句切れは、和歌の中で大きく意味が切れるところになる。 2 1 「三代の栄耀」は、11世紀から12世紀に奥州藤原氏《おうしゅうふじわらし》が三代にわたって繁栄《はんえい》したことを指す。

23

5章 古典

漢文1

漢文の読み方・故事成語／『論語』

解答 別冊 p.15

さくっとマルつけ E-23

10分

基本をチェック

1 漢文の読み方

- 白文《はくぶん》…漢字だけで書かれたもとの漢文。
  例 有 備 無 患
- 訓読文…白文に送り仮名《がな》や返り点、句読点、振《ふ》り仮名などの文字や符号《ふごう》＝（①）を付けた文。
- 送り仮名…漢字の右下に（②）で小さく書く。歴史的仮名遣《づか》いを用いる。助詞「ハ・ヲ」や助動詞「ナリ」、用言の活用語尾《ごび》「ス・シ」などを補う。
  例 有レバ 備ヘ 無レシ 患《うれ》ヒ。（備へ有れば患ひ無し。）
- 返り点…漢字の左下に付けて、読む順序を示す。
  例 大 器 晩ハ 成ス。（大器は晩成す。）
  - （③）…下の字からすぐ上の一字に返って読む。
    例 歳《さい》 月《げつ》ハ 不《ず》レ 待《ま》タ 人ヲ。（歳月は人を待たず。）
  - 一・二点…（④）字以上を隔《へだ》てて上に返って読む。
    例 花 発《ひら》キテ 多《おほ》シ二 風《ふう》 雨《う》一。（花発きて風雨多し。）
- 書き下《くだ》し文…漢文を訓点に従って読み、漢字と仮名の交じった古文の形に書き直したもの。右の（ ）内の文はすべて書き下し文。

+α 訓読
中国語である漢文を日本語の文章として読むこと。

書き下し文にするときのルール

- 送り仮名は、歴史的仮名遣いのままで平仮名に変える。
- 助詞や助動詞にあたる漢字（「之《の》」や「也《なり》」など）は平仮名に直す。

2 故事成語…（⑤）の昔話（故事）から生まれた言葉。歴史的事実やたとえ話をもとにしている。

- （⑥）…つじつまが合わないこと。故事 突《つ》き通せる物のない盾《たて》と、何でも突き通せる矛《ほこ》を売る者がいた。
- 漁夫の利…両者が争っている間に、第三者が利益を横取りすること。故事 しぎと貝が争っていると、両方とも漁師につかまってしまった。
- （⑦）…程度の違《ちが》いはあれ、本質は同じであること。故事 隣《となり》の国と自国を比べた王の問いに、孟子《もうし》は、「戦争で五十歩逃《に》げた者が百歩逃げた者を臆病《おくびょう》者と笑ったら、どう思うか」と尋《たず》ねた。
- 推敲《すいこう》…（⑧）や詩の言葉をよく練り上げること。故事 ある詩人が自作の詩の「推《お》す」という言葉を「敲《たた》く」にしようか迷っていると、そこに来た役人は「敲く」がよいと教えた。
- （⑨）…なくてもよい余計なもの。故事 蛇《へび》の絵を描《か》く競争で、先に描き終わった者が足をつけ足して負けてしまった。

3 『論語』…古代中国の思想家である（⑩）と弟子《でし》たちの問答や言行を記録した文章。

- 日常生活で実践《じっせん》するべき倫理《りんり》を説き、儒教《じゅきょう》の根本文献《ぶんけん》となった。

10点アップ!

10分

1 次の文章を読んで、あとの問いに答えなさい。

楚人《そひと》に盾《たて》と矛《ほこ》とを鬻《*ひさ》ぐ者あり。之《これ》を誉《ほ》めて曰《い》はく、「吾《わ》が盾の堅《かた》きこと、①能《よ》く陥《*とほ》すもの莫《な》きなり。」と。又《また》、その矛を誉めて曰はく、「わが矛の*利なること、②物に於《お》いて陥さざる無きなり。」と。或《あ》るひと曰はく、「③*子《し》の矛を以《もつ》て、子の盾を陥さば何如《いかん》。」と。其《そ》の人、応《こた》ふること能《あた》はざるなり。
（『韓非子《かんぴし》』より）

*鬻ぐ…売る。　*陥す…突き通《つ》す。　*利なること…鋭《するど》いこと。　*子…あなた。

1 ——線①の書き下し文になるように、次の漢文に返り点を付けなさい。

莫《なキ》 能《よク》 陥《とほスモノ》 也《なり》

点UP 2 ——線②「物に於いて陥さざる無きなり」の現代語訳を書きなさい。

（　　　）

3 ——線③「子の矛を以て、子の盾を陥さば何如」の現代語訳として適切なものを次のア〜エから一つ選び、記号で答えなさい。

ア あなたの矛を持ってあなたの盾を突いてもよいのか。
イ あなたの矛があなたの盾を突き通すことは本当にないのか。
ウ あなたの矛にあなたの盾を突き通せるはずがない。
エ あなたの矛であなたの盾を突いたらどうなるのか。

（　　　）

4 この話から生まれた故事成語を答えなさい。

（　　　）

---

2 次の漢文を読んで、あとの問いに答えなさい。

A ①子《し》曰《い》はく、「②学びて思はざれば則《すなは》ち罔《*くら》し。思ひて学ばざれば則ち*殆《あや》ふし。」と。

子 曰《ハク》、「学 而《ビテ》 不《ざレバ》レ 思 則《ハチ》 罔《シ》。思 而《ヒテ》 不《ざレバ》レ 学 則《バチ》 殆《フシト》。」

*罔し…本当の理解はできない。　*殆ふし…独断に陥《おちい》って危険だ。

B 子曰はく、「之《これ》を知る者は、［　　］。之を好む者は、之を楽しむ者に如《し》かず。」と。

子 曰《ハク》、「知《ル》レ 之《ヲ》 者《ハ》、不《ずレ》 如《カ》二 好《ム》レ 之《ヲ》 者《ニ》一。好《ム》レ 之《ヲ》 者《ハ》、不《ずレ》 如《しカ》二 楽《シム》レ 之《ヲ》 者《ニ》一。」
（『論語』より）

1 ——線①「子曰はく」の「子」とは誰《だれ》のことですか。漢字二字で答えなさい。

［　　］

2 ——線②「学びて思はざれば」の意味として適切なものを次のア〜エから一つ選び、記号で答えなさい。

ア 学習したと感じなければ
イ 学びが納得《なっとく》できなければ
ウ 学ぶだけでよく考えなければ
エ 学習から研究になれば

（　　　）

3 ［　　］にあてはまる書き下し文を、漢文を参考にして答えなさい。

（　　　）

点UP 4 Bの漢文の内容を説明した次の文の［1］・［2］には、〔ア 好む者、イ 楽しむ者〕のどちらかが入る。それぞれ記号で答えなさい。

・「知る者」も「［1］」も、「［2］」には及《およ》ばない。

1（　　）　2（　　）

ヒント

1 2 「〜ざる無きなり」は、「〜しないものはない」という意味。 2 4 「〜は…に如かず」は、「〜は…に及ばない」という意味。

24

漢文2

5章 古典

漢詩の形式と表現上の決まり

10分

☑ 基本をチェック

解答 別冊 p.16

さくっとマルつけ E-24

❶ 漢詩の形式

▽絶句…四句（四行）から成る詩。一句の字数が五字（五言）のものを❶（　　　　）、七字（七言）のものを七言絶句という。

▽律詩…八句（八行）から成る詩。一句の字数が五字（五言）のものを五言律詩、七字（七言）のものを❷（　　　　）という。

	五言	七言
絶句	五言絶句	七言絶句
律詩	五言律詩	七言律詩

+α 「漢詩」という言葉

明治《めいじ》時代になって日本で生まれた新しい形の詩と区別するため、「漢詩」という言葉が作られた。

▽絶句の構成…❸（　　　　）の構成になっていて、第一句を起句、第二句を承句、第三句を転句、第四句を結句という。

春暁《しゅんぎょう》　孟浩然《もうこうねん》

起句　春眠暁《しゅんみんあかつき》を覚えず
承句　処処啼鳥《しょしょていちょう》を聞く
転句　夜来風雨の声
結句　花落つること知る多少

春 眠 不ずレ 覚エレ 暁ヲ
処 処 聞クニ 啼 鳥ヲ
夜 来 風 雨ノ 声
花 落ツルコト 知ル 多 少

（五言・四句）

❷ 漢詩の表現上の決まり

▽❹（　　　　）…形や意味の上で対応する二つの句を並べる表現技法。律詩では、第三句と第四句、第五句と第六句が対句《ついく》になる。

▽押韻《おういん》…句の❺（　　　　）に同じ響《ひび》きをもつ字を置く表現技法。リズムを生み出す効果がある。

春望《しゅんぼう》　杜甫《とほ》

国破れて山河在り
城春にして草木深《さうもく》し
時に感じては花にも涙《なみだ》を濺《そそ》ぎ
別れを恨《うら》んでは鳥にも心を驚《おどろ》かす
烽火三月《ほうくわさんげつ》に連なり
家書万金《かしよばんきん》に抵《あた》る
白頭搔《はくとうか》けば更《さら》に短く
渾《す》べて簪《しん》に勝《た》へざらんと欲《ほつ》す

国 破レテ 山 河 在リ
城 春ニシテ 草 木 深シ
感ジテハレ 時ニ 花ニモ 濺ギ 涙ヲ
恨ンデハレ 別レヲ 鳥ニモ 驚カスレ 心ヲ
烽 火 連ナリ 三 月ニ
家 書 抵ル 万 金ニ
白 頭 搔ケバ 更ニ 短ク
渾ベテ 欲スレ 不ザラントレ 勝ヘレ 簪ニ

（第一句・第二句：対句以外、第三句・第四句：対句、第五句・第六句：対句）（押韻：深・心・金・簪）

＊この律詩では、第三句と第四句、第五句と第六句に加えて、第一句と第二句も対句になっている。

＊第二、四、六、八句の最後の字は「シン」「キン」という共通の響きをもっている。

❸ 漢詩の歴史

漢詩の歴史…漢詩は中国の詩。唐《とう》の時代の李白《りはく》や杜甫の漢詩は古くから日本でも親しまれ、漢詩の制作は知識人の教養となってきた。

10分

1 次の漢詩を読んで、あとの問いに答えなさい。

絶句　杜甫《とほ》

江《かう》は碧《みどり》にして鳥は逾《いよい》よ白く
山は青くして［　　］
今春看《みすみ》す又《また》過《す》ぐ
何《いつ》れの日か是《こ》れ帰年ならん

江ハ碧ニシテ鳥ハ逾ヨ白ク
山ハ青クシテ花ハ欲《ほつス》レ然《もエント》
今春看ス又過グ
何レノ日カ是レ帰年ナラン

1 この漢詩の形式を何といいますか。（　　）

2 対句《ついく》になっているのは第何句と第何句ですか。（第　　句）（第　　句）

3 ――線部「花《ハ》欲《ほつス》レ然《もエント》」を参考にして、［　　］に入る書き下し文を書きなさい。（　　）

点UP
4 後半の二句に込《こ》められた作者の思いとして適切なものを次のア～エから一つ選び、記号で答えなさい。（　　）

ア 故郷に帰れないままどうすることもできない、つらい思い。
イ この春はきっと故郷に帰れると思っていたのに、残念な思い。
ウ 忙《いそが》しい日々の中で、ふと故郷を思い出して懐《なつ》かしむ思い。
エ 美しくのどかな春の風景を楽しむ、くつろいだ思い。

2 次の漢詩を読んで、あとの問いに答えなさい。

黄鶴楼《くわうかくろう》にて孟浩然《まうかうねん》の広陵《くわうりよう》に之《ゆ》くを送る　李白《りはく》

故人西のかた黄鶴楼を辞し
煙花三月揚州に下る
孤帆《こはん》の遠影碧空《えんえいへきくう》に尽《つ》き
唯《た》だ見る長江《ちやうかう》の天際《てんさい》に流るるを

故①人西《ノカタ》辞《シ》二黄鶴楼《ヲ》一
煙花三月下②揚州
孤③帆《ノ》遠影碧空《ニ》尽《キ》
唯《ダ》見《ル》長江《ノ》天際《ニ》流《ルルヲ》

1 この漢詩の形式を何といいますか。（　　）

2 ――線①「故人」はどういう意味ですか。（　　）

3 書き下し文を参考にして、――線②に返り点を付けなさい。

下《ル》揚州《ニ》

点UP
4 ――線③「孤帆」（一そうの帆《ほ》かけ舟《ぶね》）に乗っているのは誰《だれ》ですか。名前を答えなさい。（　　）

5 第四句では、長江を眺《なが》め続ける作者のどのような気持ちが表現されていますか。適切なものを次のア～エから一つ選び、記号で答えなさい。（　　）

ア 一人取り残されることを恨《うら》む気持ち。
イ 友との別れを寂《さび》しく思う気持ち。
ウ 雄大《ゆうだい》な自然に畏《おそ》れを感じる気持ち。
エ 孤独《こどく》であることを楽しむ気持ち。

ヒント
1 4 最後の句は、「故郷に帰れるのはいつの日になるのだろうか」という意味。 2 4 漢詩の題に着目する。作者の李白が孟浩然を見送っている詩である。

重要知識のまとめ

よく出る同訓異字・同音異義語

つとめる

- 郵便局に勤める。〔勤務〕
- 生徒会長を務める。〔任務〕
- 早寝《はやね》早起きに努める。〔努力〕

はかる

- 水の重さを量る。〔重さ・容積〕
- 距離《きょり》を測る。〔長さ・高さ・広さ・程度〕
- 残り時間を計る。〔時間・数〕
- 早期解決を図る。〔企《くわだ》てる〕

カイホウ

- 運動場を市民に開放する。〔開け放す〕
- 仕事の重圧から解放される。〔解き放つ〕

ツイキュウ

- 自らの理想を追求する。〔追い求める〕
- 経営者の責任を追及する。〔問いただす〕
- 普遍《ふへん》の真理を追究する。〔明らかにする〕

キカイ

- 工作機械を動かす。〔動力を用いて操作する装置〕
- 光学器械を設計する。〔人が直接動かす小型の装置〕

品詞の分類

- 単語
  - 自立語
    - 活用しない
      - 主語になる（体言）――事物の名称《めいしょう》・指示……名詞 例 犬・私・富士山
      - 修飾語《しゅうしょくご》になる
        - 主に用言を修飾……副詞 例 やっと・かなり
        - 体言のみを修飾……連体詞 例 その・大きな
      - 接続語になる――文や文節を接続……接続詞 例 しかし・さて
      - 独立語になる――感動・呼びかけなど……感動詞 例 ああ・おい
    - 活用する――述語になる（用言）
      - ウ段で終わる……動詞 例 歩く・読む
      - 「い」で終わる……形容詞 例 美しい・白い
      - 「だ・です」で終わる……形容動詞 例 きれいだ
  - 付属語
    - 活用しない――助詞 例 が・から
    - 活用する――助動詞 例 ます・ない

よく出る品詞の識別

ない

- 助動詞 例 体面にこだわらない。
- 形容詞 例 ゆっくりする時間もない。
- 補助形容詞 例 飛行機は乗りたくない。
- 形容詞の一部 例 あどけない笑顔《えがお》。

れる・られる

- 受け身 例 歌声に心をつかまれる。
- 可能 例 情勢の変化が見られる。
- 自発 例 秋の気配が感じられる。
- 尊敬 例 午後にお客様が来訪される。

の

- 連体修飾 例 部屋の窓を開ける。
- 主語 例 桜の咲《さ》く季節になる。
- 体言の代用 例 靴《くつ》を新しいのと換《か》える。

そうだ

- 様態 例 今にも雨が降りそうだ。
- 伝聞 例 午後は雨が降るそうだ。

に

- 格助詞 例 友達に電話する。
- 接続助詞の一部 例 春なのに寒い。
- 助動詞の一部 例 氷のように冷たい手。
- 形容動詞の活用語尾《ごび》 例 丁寧《ていねい》に書く。
- 副詞の一部 例 事態はさらに複雑だ。

接続詞

- **順接**…だから・それで・すると・したがって
- **逆接**…しかし・だが・けれども・ところが
- **累加《るいか》・並立《へいりつ》（並列）**…そして・また・なお
- **説明・補足**…なぜなら・つまり・例えば
- **対比・選択《せんたく》**…一方・あるいは・または
- **転換《てんかん》**…ところで・では・さて・ときに

まぎらわしい敬語表現

- **お［ご］～になる…尊敬語**

例 もう**お**帰り**になり**ますか。

- **お［ご］～する…謙譲語《けんじょうご》**

例 ご注文を**お**聞き**し**ます。

詩や文学的文章の表現技法

- **直喩《ちょくゆ》**…「…ようだ」「…みたいだ」などを使ってたとえる。
- **隠喩《いんゆ》**…「…ようだ」「…みたいだ」などを使わないでたとえる。
- **擬人法《ぎじんほう》**…人でないものを人に見立てる。
- **倒置《とうち》**…普通とは語順を入れ替《か》える。
- **体言止め**…体言（名詞）で文を終える。
- **反復**…同じ言葉やリズムを繰《く》り返す。
- **対句《ついく》**…対になった言葉を並べる。

短歌・和歌の表現技法

- **句切れ**…一首の中で大きく意味が切れること。
- **字余り・字足らず**…定型の音数の五音や七音よりも多い、または少ないこと。
- **枕詞《まくらことば》**…特定の語を導き出すために直前に置かれる言葉。主に五音。
- **掛詞《かけことば》**…一つの言葉に同じ音の複数の言葉の意味を重ねる表現。
- **序詞《じょことば》**…連想によってある言葉を導く語句。

俳句の表現技法

- **切れ字**…句の切れ目を示す。「や・けり・かな」など。
- **季語**…気候・動物・植物・行事・生活などの季節を表す語句。
- **自由律俳句**…音数のきまりを守らない俳句。

古文の歴史的仮名遣《かなづか》い

- **語頭以外の「は・ひ・ふ・へ・ほ」**
→「わ・い・う・え・お」
- 「**ゐ・ゑ・を**」→「い・え・お」
- 「**ぢ・づ**」→「じ・ず」
- 「**あう・いう・えう**」→「おう・ゆう・よう」（ア行以外も同様）

例 「うつく**しう**」→「うつく**しゅう**」

- 「**くわ・ぐわ**」→「か・が」

古文の係り結び

- **こそ・ぞ・なむ**…強調。

例 尊《たふと》く**こそ**おはしけれ
（尊くいらっしゃいました）

例 もと光る竹**なむ**一筋ありける
（根元の光る竹が一本あった）

- **や・か**…疑問・反語。

例 何事**か**ありけん
（何事があったのだろうか）

漢文・漢詩の返り点

- **レ点**…下からすぐ上の一字に返って読む。

例 恨《うランデハ》レ別《ヲ》　鳥《ニモ》驚《おどろカス》レ心《ヲ》
別れを恨んでは鳥にも心を驚かす

- **一・二点**…二字以上隔《へだ》てて上に返って読む。

例 家《か》書《しよ》抵《あたル》二万《ばん》金《きん》一
家書万金に抵る

漢詩の形式

- **五言絶句《ごごんぜっく》**…一句が**五**字で**四**句から成る詩。
- **五言律詩《りっし》**…一句が**五**字で**八**句から成る詩。
- **七言絶句《しちごん》**…一句が**七**字で**四**句から成る詩。
- **七言律詩**…一句が**七**字で**八**句から成る詩。

□ 執筆協力　足達研太

□ 編集協力　足達研太　大木富紀子　多湖奈央

□ 本文デザイン　細山田デザイン事務所（細山田光宣　南 彩乃　室田 潤）

□ 本文イラスト　ユア

□ DTP　㈱明友社

シグマベスト
定期テスト
超直前でも平均 +10点ワーク
中学国語

編　者　文英堂編集部
発行者　益井英郎
印刷所　株式会社加藤文明社
発行所　株式会社文英堂
〒601-8121　京都市南区上鳥羽大物町28
〒162-0832　東京都新宿区岩戸町17
(代表)03-3269-4231

●落丁・乱丁はおとりかえします。

BEST シグマベスト

定期テスト超直前でも平均+10点ワーク

【解答と解説】

中学国語

文英堂

1章 漢字・語句

① 部首・漢字の形・筆順と画数

基本をチェック

❶部首 ❷りっとう ❸うかんむり
❹れっか[れんが] ❺まだれ ❻えんにょう
❼もんがまえ ❽象形 ❾指事
❿会意 ⓫形声 ⓬えい
⓭しめすへん ⓮楷書 ⓯行書

10点アップ！

1
[1] ごんべん [2] りっしんべん
[3] あくび [4] たけかんむり
[5] れっか[れんが] [6] やまいだれ
[7] しんにょう [8] くにがまえ
[9] もんがまえ [10] にくづき

2
[1] イ [2] エ [3] ウ [4] イ
[5] エ [6] ア [7] ア [8] ウ

3
[1] 音…ひ 漢字の部分…皮
[2] 音…てい 漢字の部分…氏
[3] 音…ぎ 漢字の部分…義
[4] 音…じょ 漢字の部分…余
[5] 音…か 漢字の部分…可

4
[1] 遍 [2] 廷 [3] 荘 [4] 網
[5] 徹

5
[1] 十四(画目) [2] 四(画目)
[3] 五(画目) [4] 七(画目)

6 エ

解説

1 [7]「辶」は「しんにゅう」ともいう。
[9]「門」は「かどがまえ」ともいう。

2 [3]「明」は日と月、[8]「孫」は子と系の二つの漢字が組み合わさってできている。

3 [1]～[5]は全て形声の漢字。

4 [1]「普遍《ふへん》」は「全てのものにあてはまること」、「不偏《ふへん》」は「偏《かたよ》らず、公正であること」。
[3]「荘」…おごそか。例 荘重《そうちょう》
「壮」…大きくて立派だ。例 壮大《そうだい》
[5]「徹」…底までつらぬき通す。例 徹夜《てつや》
「撤」…その場から取り除く。例 撤去《てっきょ》

5 [4]「起」は部首の「そうにょう」から書く。

6「級」とエ「革」は九画。ア「泳」は八画、イ「推」は十一画、ウ「院」は十画になる。

② 漢字の音訓・同訓異字・同音異義語

基本をチェック

❶中国 ❷意味 ❸熱湯
❹納税 ❺意味 ❻音読み
❼訓読み

10点アップ！

1
[1] ①ばんのう ②きょまん
[2] ①どしゃ ②さとう
[3] ①しんそう ②しゅしょう
[4] ①ばいりつ ②とうそつ
[5] ①ゆうこう ②うむ

2
[1] 誤 [2] 臨 [3] 図
[4] 温 [5] 裁 [6] 著
[7] 支持 [8] 照会 [9] 驚異
[10] 操作 [11] 軌跡 [12] 保証

3
[1] ①うわて ②じょうず
[2] ①ぶんべつ ②ふんべつ
[3] ①かんき ②さむけ
[4] ①たいせい ②おおぜい

4
[1] イ [2] イ [3] ア [4] ア
[5] ア [6] ア [7] イ [8] イ

5
[1] なだれ [2] すもう [3] いなか

4 しらが　5 かたず　6 しぐれ

解説

1 漢字の音読みには、**漢音《かんおん》**と**呉音《ごおん》**がある。

2 熟語で表すと、1 は誤判断、2 は臨戦、3 は企図《きと》、6 は著書となる。
4 飲み物や食べ物には「温かい」を使う。
5 布や紙を切り離《はな》すときは「裁《た》つ」を使う。
8 「照会」は「問い合わせて確かめる」。
9 「驚異《きょうい》」…驚《おどろ》き不思議がる。
「脅威《きょうい》」…おびやかす。
12 「保証」…大丈夫《だいじょうぶ》と認め責任をもつ。
「保障」…ある状態が損《そこ》なわれないように保護する。例 安全保障
「補償《ほしょう》」…損害を補って償《つぐな》う。

3 2 ② 「分別《ふんべつ》」は「常識的で慎重《しんちょう》な判断をする能力」という意味。
4 ① 「大勢《たいせい》」は「おおよそのなりゆき」。

4 1 ゆうカン、2 ねダン、3 シンがた、4 ダイどころ、5 ハで、6 ゴいし、7 ばショ、8 いなサク。

5 5 「固唾《かたず》」は「緊張《きんちょう》したときに口の中にたまる唾《つば》」という意味。
6 「時雨《しぐれ》」は「秋から冬にかけて降る雨」。

3 熟語の構成・類義語・対義語

基本をチェック

1 述語　2 連体　3 接尾語
4 打ち消し　5 対等　6 似て
7 反対　8 意味

10点アップ！

1 1 オ　2 エ　3 イ　4 ア　5 ウ　6 カ　7 キ　8 ク　9 オ
2 1 無　2 未　3 非　4 不　5 非　6 無
3 1 ア　2 イ　3 エ　4 ウ
4 1 応　2 飲　3 耕　4 月　5 今　6 周
5 1 ①ア ②イ　2 ①イ ②ア
6 1 減少　2 内容　3 具体［具象］　4 禁止　5 現実　6 縮小
7 エ

解説

1 1 「弱点」(弱い点)、2 「着色」(色を着ける)、3 「往復」は行き(往)と帰り(復)、5 「日没《にちぼつ》」(日が没する)、という構成になる。

2 5 「非凡《ひぼん》」は「普通《ふつう》の人よりもずっと優《すぐ》れている」という意味。

3 1 「初一対面」、2 「市一町一村」、3 「未一解決」、4 「経験一者」となる。

4 2 「鯨飲馬食《げいいんばしょく》」は「鯨《くじら》や馬のようにたくさん飲み食いすること」という意味。
3 「晴耕雨読」は「晴れた日には田畑を耕し、雨の日には家で読書をする」ことから、「世間にわずらわされず、思いのままに暮らす」という意味。
6 「用意周到《しゅうとう》」は「用意がゆきとどいていて、手ぬかりがないこと」という意味。

5 1 ① 「混雑」は前もって見当をつけるので**「予想」**を使う。② 期待しなかった「出来事が起こる」ので**「予期」**を使う。
2 ① 木は途中《とちゅう》の場所を表すので**「のぼる」**を使う。② 屋根は到達点《とうたつてん》を表すので**「あがる」**を使う。

6 3 「抽象《ちゅうしょう》」は「事柄《ことがら》の本質的な面を抜《ぬ》き出すこと」、「具体［具象］」は「目に見える形に表すこと」という意味。

7 「明るい」は、① 「将来に希望や期待がもてる状態である」、② 「その物事によく通じている」などの意味でも使われる。

❹ 慣用句・ことわざ・故事成語

✔ 基本をチェック

❶意味　❷怠ける　❸耳
❹気　❺木　❻釘
❼教訓　❽口　❾馬
❿中国　⓫日本　⓬音読み
⓭外国語　⓮音声　⓯文字

10点アップ！

1 [1]エ　[2]オ　[3]ア　[4]イ
[5]ウ

2 [1]エ　[2]ア　[3]オ　[4]イ
[5]ウ

3 [1]エ　[2]オ　[3]ア　[4]イ
[5]ウ

4 [1]イ　[2]ウ　[3]ア　[4]ア

5 話し言葉…ア・エ〈順不同〉
書き言葉…イ・ウ〈順不同〉

解説

1 [1]「胸」は、「胸がすく」「胸が張りさける」のように、**心の状態**を表すときに使われる。
[3]「目」は、「目が離《はな》せない」「目に浮《う》かぶ」など、**見ることにたとえて**表すときに使われる。
[4]「顔」は、「顔が広い」「顔がつぶれる」のように、**社会における勢力や体面**を表すときなどに使われる。
[5]「花」は**華《はな》やかなもの**を象徴《しょうちょう》している。

2 [1]「猿《さる》も木から落ちる」「河童《かっぱ》の川流れ」も同じ意味になる。
[2]「馬子《まご》」は「馬を引いて人や荷物を運ぶ人」。
[3]「情けは人のためならず」は、「情けをかけるとその人のためにならない」という意味ではない。
[4]「灯台」は、油皿に灯心を立てて火をともす木製の台のこと。昔の照明器具。

3 [3]仲の悪かった呉《ご》と越《えつ》の国の人が同じ舟《ふね》に乗り合わせ、暴風雨のときに助け合ったという話からきている。
[5]薪《たきぎ》の中に寝《ね》たり苦い胆《きも》を嘗《な》めたりして復《ふく》讐《しゅう》心をかきたてたという話に由来する。

4 [3]「言葉」は「ことば」と訓読みにするので和語。

5 主に、話し言葉は目の前にいる相手に対して使われ、書き言葉は目の前にいない相手に対して使われる。

2章 文法

❺ 言葉の単位・文の成分・文節の関係

✔ 基本をチェック

❶文章　❷段落　❸文
❹文節　❺単語　❻主語
❼述語　❽連体　❾接続語
❿独立語　⓫主・述［主語・述語］
⓬修飾・被修飾　⓭並列　⓮補助
⓯連文節

10点アップ！

1 [1]白い／車が／家の／前を／何台も／通る。
[2]公園には／きれいな／花が／咲いて／いる。
[3]試しに／新しい／ペンを／使って／みる。

2 [1]スピーチ｜の｜全国大会｜に｜出場する。
[2]熱帯魚｜が｜きらきら｜光り｜ながら｜泳ぐ。
[3]観客｜が｜ピアノ｜の｜演奏｜に｜聞き入る。

3 [1]母が　[2]僕は　[3]兄も

4 **あなたこそ**　5 **誰だって**

4 1 **眺めを**　2 **降るのは**　3 **分けた**
4 **眠る**　5 **やる**

5 1 **述部**　2 **接続部**　3 **主部**
4 **修飾部**　5 **独立部**

6 **イ**

解説

1 3「使ってみる」は、「みる」が補助動詞なので二文節になる。

2 単語は**意味がわかる最小の単位**。1「全国大会」「出場する」、2「熱帯魚」、3「聞き入る」は一単語になる。

ミス注意！
複合語は一単語になる。それ以上分けることはできない。

3 3・4・5のように、「〜も」「〜こそ」「〜だって」も主語を表す。

4 1体言「眺め《なが》」を修飾《しゅうしょく》する連体修飾語。
2〜5は用言を修飾する連用修飾語。

5 2理由を表す接続部。
5「それが仕事だ。」に対して独立している独立部。

6 **ア**「ジャングルが」と「広がる」は主語と述語の関係。**イ**「大きくて」と「年取った」は並列《へいれつ》の関係の連文節で、「犬」を修飾する修飾部になっている。**ウ**「頑張《がんば》ります」、**エ**「吹《ふ》き抜《ぬ》ける」は一文節の述語。

6 品詞の種類

基本をチェック

❶ **自立語**　❷ **付属語**　❸ **動詞**
❹ **副詞**　❺ **接続詞**〈❹❺は順不同〉
❻ **助詞**　❼ **用言**　❽ **ウ段**
❾ **い**　❿ **だ**　⓫ **体言**
⓬ **連用修飾語**　⓭ **連体修飾語**　⓮ **接続詞**
⓯ **感動詞**　⓰ **用言**　⓱ **助詞**

10点アップ！

1 1 **文節**　2 **用言**　3 **体言**
4 **付属語**

2 **ウ**

3 1 **イ**　2 **ア**　3 **エ**　4 **ウ**
5 **オ**

4 1 **助詞**　2 **連体詞**　3 **形容動詞**
4 **接続詞**　5 **感動詞**

5 ① **ウ**　② **ア**　③ **イ**　④ **コ**
⑤ **ケ**　⑥ **カ**　⑦ **ク**

解説

1 自立語は**それだけで文節を作る**が、付属語は**それだけでは文節を作れない**。自立語の中で、**活用するもの**（動詞・形容詞・形容動詞）を用言といい、**名詞**を体言という。

2 **ア**「ます」・**イ**「た」は助動詞、**エ**「の」は助詞なので、付属語になる。

3 3「を」は、名詞「日々」に付いている助詞。
5「そうだ」は動詞「なり」に付いている助動詞。

4 2「おかしな」は活用せず、名詞「話」を修飾《しゅうしょく》しているので、連体詞。

ミス注意！
連体詞を形容詞と間違《まちが》えないようにしよう。連体詞は活用しない。

5「おはよう」は独立語で、挨拶《あいさつ》を表す。品詞は感動詞になる。

5 ①「大きな」は活用せず、名詞「国」を修飾する連体詞。③「すこし」は、連体詞の「小さな」を修飾する副詞。④「た」は助動詞「まし」に付いている助動詞。⑤「の」は名詞「二つ」に付いている助詞。⑥「起こら」は動詞「起こる」が活用した形。⑦「平和で」は形容動詞「平和だ」が活用した形。

7 名詞・連体詞・副詞・接続詞・感動詞

基本をチェック

❶主語 ❷固有名詞 ❸代名詞
❹体言[名詞] ❺用言 ❻状態
❼程度 ❽呼応 ❾理由
❿逆接

10点アップ！

1 [1] イ [2] ウ [3] ア [4] エ [5] オ
2 [1] 流れ [2] さわやかさ [3] ご卒業 [4] 健康保険
3 [1] 小さな [2] いかなる [3] たいした [4] ある
4 ア
5 [1] イ [2] ア [3] ウ [4] エ
6 [1] イ [2] ウ [3] ア

解説

1 [2]「三番目」は順序を表す数詞。[4]「彼女《かのじょ》」は人を指し示す代名詞。[5]「こと」は形式名詞。

2 [1]・[2] 名詞は主語を作るので、「〜は」をあとに付けて確認《かくにん》する。[1]「流れは」、[2]「さわやかさは」ということができる。

3 **連体詞は体言（名詞）を修飾《しゅうしょく》する、活用しない語。** [1]「小さな」は「声」を、[2]「いかなる」は「要求」を、[3]「たいした」は「問題」を、[4]「ある」は「人」を修飾している。

4 **ア**「まるで」は**類似《るいじ》していることを表す**ので、「まるで…冬のようだ」となる。
イ「たとえ」は**前提となる条件を示す**ので、「たとえ…眠《ねむ》くなっても」とする。
ウ「おそらく」は**確かな推量**を表すので、「おそらく…起こらないだろう」とする。
エこの「必ず」は**強い意志を表す**ので、「必ず…伝えよう」とする。

ミス注意！ 呼応の副詞は文末表現を覚えておこう。

5 [3]「コーヒー」と「紅茶」を選択《せんたく》させている。[4]「赤い色と黒い色」を「二種類」と言い換《か》えて説明している。

8 動詞

基本をチェック

❶活用形 ❷き ❸きる
❹べ ❺くれ ❻し
❼五段活用 ❽上一段活用 ❾下一段活用
❿連用形 ⓫可能 ⓬自動詞

10点アップ！

1 [1] 連体形 [2] 連用形 [3] 仮定形 [4] 未然形 [5] 終止形 [6] 命令形
2 ウ
3 [1] 上一段活用 [2] サ行変格活用 [3] 五段活用 [4] 下一段活用 [5] カ行変格活用
4 エ
5 [1] 書いた [2] 迷って [3] 運んだ
6 [1] 解ける [2] 走れる
7 [1] イ [2] ア

解説

2 **ア**「来ます」は連用形。**イ**「座《すわ》って」は連用形。**ウ**「借りる手続き」は連体形。**エ**「考えた」は連用形。

3 動詞に打ち消しの「ない」を付けて、上の音が何段になるかで見分ける。
[1]「落ちない」（イ段）→上一段活用。
[2]「〜する」はサ行変格活用。
[3]「防がない」（ア段）→五段活用。
[4]「向けない」（エ段）→下一段活用。
[5]「来る」はカ行変格活用。

4 「建てる」は「建てない」となるので、下一段活用。ア「用いない」→上一段活用。イ「走らない」→五段活用。ウ「過ぎない」→上一段活用。エ「流れない」→下一段活用。

5 1 イ音便《おんびん》、2 促音便《そくおんびん》、3 撥音便《はつおんびん》になる。

⚠ミス注意！
五段活用の連用形には音便形がある。

6 可能動詞を作るには、五段活用の動詞を下一段活用の動詞に換《か》える。

7 1 「〜を」に続くので他動詞。
2 主語の「〜が」を受けるので自動詞。

9 形容詞・形容動詞・補助用言

✔基本をチェック

❶く　❷けれ　❸だろ
❹な　❺でし　❻連用形
❼暑うございます　❽形容動詞　❾連体詞
❿副詞　⓫補助
⓬打ち消し

10点アップ！

1 1 イ　2 ウ　3 オ　4 イ　5 エ
6 ア

2 1 エ　2 ア　3 イ　4 ウ　5 イ
6 オ

3 1 形容詞…古かっ　活用形…連用形
2 形容詞…かわいい　活用形…連体形
3 形容動詞…簡単なら　活用形…仮定形
4 形容動詞…なめらかで　活用形…連用形

4 ア・ウ〈順不同〉

5 1 みる　2 ない

解説

3 1 「古かっ」は「た」が続くので連用形。
2 体言「犬」が続くので連体形。
3 「簡単なら」は「ば」が続くので仮定形。
4 「なめらかで」は連用形。

4 ア「重要な」は「重要だ」、ウ「立派に」は「立派だ」と活用するので形容動詞。イ「おかしな」は連体詞、エ「すでに」は副詞。

⚠ミス注意！
形容動詞と形が似ていても、活用しなければ連体詞だとわかる。

5 1 「みる」は「試《ため》しに〜する」という意味を添《そ》えている。
2 「ない」は打ち消しの意味を添えている。

10 助動詞

✔基本をチェック

❶用言　❷可能　❸過去
❹意志　❺打ち消し　❻たとえ
❼伝聞　❽断定　❾丁寧

10点アップ！

1 1 エ　2 ウ　3 ア　4 イ

2 1 ① ウ　② ア　2 ① イ　② ア
3 ① ア　② イ　4 ① イ　② ア
5 ① イ　② ウ　③ ア

3 1 ウ　2 ア　3 イ　4 エ

4 1 せる　2 う　3 たがる
4 らしい

解説

1 1 お客様に対する敬意を表している。
2 春が到来《とうらい》したという気持ちが自然と起こっている。
3 動作や作用を受けて、「〜される」という意味になる。
4 「食べることができる」という意味。

2 1 ① 「積み重なっている」ことを表す。
② 「この前の日曜日」は過去の出来事。

2 ①「あやまちを犯《おか》さないつもりだ」という意味。
②「クマはいないだろう」という意味。
3 ①雨がやんだことをもとに、夕立が通り過ぎたことを推《お》し量っている。
②山の形を帽子《ぼうし》にたとえている。
4 ①列車が到着《とうちゃく》することを伝え聞いている。
②もう少しで授業が終わることを推し量っている。

ミス注意！
助動詞「そうだ」
・伝聞…動詞の**終止形**に接続する。
・様態…動詞の**連用形**に接続する。

5 ①お手伝いする意志を表している。
②休憩《きゅうけい》しようと相手を誘《さそ》っている。
③そうなると予想している。

3
1 「投げることができる」という意味。
2 過去の出来事についての感想を表す。
3 雲の形を羊にたとえている。
4 中止だということを伝え聞いている。

4
1 料理をすることを強制するという意味。
2 一緒《いっしょ》に行くように勧誘《かんゆう》している。
3 姉のまねをすることを望んでいる。
4 雨になることを推し量っている。

11 助詞

基本をチェック
❶体言［名詞］ ❷体言［名詞］ ❸名詞［体言］ ❹主語 ❺引用 ❻活用 ❼逆接 ❽補助 ❾副助詞 ❿文 ⓫反語

10点アップ！

1
1 **が・の・で** 2 **は・が・で** 3 **のに・が** 4 **も・に・か**
〈全て順不同〉

2
1 **イ** 2 **ア** 3 **エ** 4 **ウ**

3
1 ①**ウ** ②**イ** ③**ア**
2 ①**ア** ②**イ**
3 ①**イ** ②**ア**

4
エ

5
1 **こそ** 2 **ほど** 3 **だけ**

解説

1
2 「この」は連体詞。
3 二つの「た」はどちらも助動詞。
4 「ます」は助動詞。

2
1 「ので」は理由を表す接続助詞。
2 「で」は場所を表す格助詞。
3 「なあ」は感動を表す終助詞。
4 「は」は他と区別して示す副助詞。

3
1 ①「私が欲《ほ》しかったもの」と言い換《か》えられるので体言の代用。②「祖母が作った」と言い換えられるので主語。③体言「前」を修飾《しゅうしょく》しているので連体修飾語。
2 ①体言「母」に付くので格助詞。②助動詞「た」に付くので接続助詞。
3 ①動詞「勝つ」に付くので接続助詞。
②引用の言葉に付くので格助詞。

4
ア「ので」・**イ**「のに」・**ウ**「て」は、活用する語に付いているので接続助詞。**ア**は理由、**イ**は逆接、**ウ**は並列《へいれつ》を表す。**エ**「を」は体言に付いて対象を表しているので格助詞。

ミス注意！
接続助詞は、主に活用する語に付く。

5
1 「あなた」を他の人と区別しているので「こそ」が入る。
2 「あなた」を他の人と比較《ひかく》しているので「ほど」が入る。
3 ふさわしい人を「あなた」に限定しているので「だけ」が入る。

⑫まぎらわしい品詞の識別

基本をチェック

❶助動詞　❷名詞［体言］　❸助動詞
❹逆接　❺形容動詞　❻連体詞
❼引用

10点アップ!

1 1 ウ　2 オ　3 ア　4 エ　5 イ
2 イ
3 1 イ　2 エ　3 ア　4 ウ
4 ① エ　② ク　③ コ　④ カ　⑤ キ
⑥ ア　⑦ ケ　⑧ イ　⑨ オ

解説

1

1 「泣きそうだ」と活用できるので、助動詞「そうだ」の一部。

2 活用せず、述語「怠《おこた》らない」を修飾《しゅうしょく》するので副詞「常に」の一部。

3 体言「買い物」に付いて、目的を表すので格助詞。

4 「きれいだ」と活用するので、形容動詞の連用形「きれいに」の一部。

5 「頼《たの》んだ」に付いて逆接の意味を表すので、接続助詞「のに」の一部。

2 「出かけない」は「出かけぬ」と置き換《か》えられるので助動詞。ア「よくはない」と上に「は」を入れられるので補助形容詞。イ「書けぬ」と置き換えられるので助動詞。ウ「時間がぬ」と置き換えられないので形容詞。エ「あどけない」で一語の形容詞。

3

1 動詞「かん」(かむ)に付くので接続助詞。

2 「元気だ」と活用するので、形容動詞「元気で」の連用形の一部。

3 体言「秋晴れ」に付いて、原因を表すので格助詞。

4 「ものだ」と活用するので、断定の助動詞の連用形。

4

① 「無鉄砲《むてっぽう》だ」と活用するので形容動詞。

②⑤は体言に付くので、格助詞だとわかる。

⑦ 「と」は「なぜそんな無闇《むやみ》をした」という引用に付くので格助詞。

ミス注意!
引用を表す助詞「と」は格助詞になる。

⑨ 「知れない」という打ち消しの意味の助動詞。

3章 表現

⑬敬語

基本をチェック

❶なる　❷する　❸ます
❹ご　❺召しあがる　❻拝見する
❼いただく　❽父　❾おっしゃる

10点アップ!

1 1 A　2 B　3 B　4 C　5 B
2 1 ○　2 ○　3 ×　4 ×　5 ○
3 1 いらっしゃる　2 召しあがる
3 伺う　4 申し上げる
5 ご覧になる
4 ア・エ〈順不同〉
5 1 昨日、街で偶然先生にお会いした。
2 私がお客様をご案内します。
3 家にあった書物を研究者の方にお貸しする。
4 このペンをお使いになってください。
5 右端のエレベーターはご使用になれません。

解説

1 ③接頭語「ご〜」は尊敬・謙譲《けんじょう》のどちらにも用いる。「ご挨拶《あいさつ》」は自分の行為《こうい》なので謙譲表現になる。

2 ③「ご〜になる」は尊敬語。自分の行為に対しては用いない。

④「〜なさる」は尊敬語。母は身内の者なので、ここで用いるのは誤り。

3 ①は校長先生、②はお客様、⑤は先生の行為なので**尊敬語を用いる**。③は先生、④はお世話になった方に対する自分の行為なので**謙譲語を用いる**。

4 **イ**動物の犬に尊敬語を用いるのは誤り。

ウ「お〜になる」は尊敬語。父は身内の者なので、ここで用いるのは誤り。

オ敬語を重ねて使いすぎているので誤り。

5 ①は先生、②はお客様、③は研究者の方に対する自分の行為なので**謙譲語「お〔ご〕〜する」**にする。④・⑤は相手の行為なので**尊敬語「お〔ご〕〜になる」**にする。

ミス注意！
相手の行為なら尊敬語、相手に対する自分の行為なら謙譲語を用いる。

14 わかりやすい表現の仕方

基本をチェック

❶から　❷こと　❸されて　❹その

10点アップ！

1 エ

2 ① 私は、母のように絵を描くのが得意ではない。
② 私は母のように、絵を描くのが得意ではない。

3 イ

4 ① 例 私にはそれが大きな問題だとは思えない。
② 例 私の意見は皆で話し合うことが重要だということです。
③ 例 計画では花壇を移動させることになっています。

5 ① 例 私は、山田さんと中田さんに話した。
② 例 いとこが試験に合格したと今日知った。
③ 例 母は、楽しそうに料理する子供たちを見ていた。
④ 例 赤いかばんを持っている小さな女の子が私の妹です。

解説

1 **ア**主・述が対応していない。「私の希望は、人の役に立つ仕事をすることだ。」または「私は、人の役に立つ仕事をしたい。」とする。

イ「弟」の語が重複している。述語を「小学生だ」とする。

ウ主語が「絵画は」なので、述語を能動態「いやす」とする。

2 ①「母のように絵を描《か》くのが得意では」がひとまとまりになるように読点を打つ。
②「私は母のように」がひとまとまりになって、「得意ではない」に係るように読点を打つ。

3 述部を変えて、「市民の要望は、休日をゆっくり過ごせる公園を造ることです。」とすると意味が通るので**イ**が正解。

ミス注意！
エ 主部を「市民は」に変えると、述部も「…公園を要望しています」と変えないといけない。

4 ①主語「私には」に合うように、述語に可能動詞を使って「思えない」とする。別解として「私はそれが大きな問題だとは思わない。」なども可。

[2] 主部「私の意見は」に合うように、述語を「…ことです」とする。別解として「私は皆《みな》で話し合うことが重要だと考えます。」なども可。

[3] 「計画では」、「移動させる計画です」と表現が重複している。

5 [1] 「山田さんと中田さんに」がひとまとまりになるように読点を打つ。別解として「山田さんと中田さんに私は話した。」なども可。

[2] 「今日」が「知った」に係るように、その直前に置く。別解として「今日、いとこが試験に合格したと知った。」なども可。

[3] 「楽しそうに料理する子供たちを」がひとまとまりになるように読点を打つ。別解として「楽しそうに料理する子供たちを母は見ていた。」なども可。

[4] 「小さな」が「女の子が」に係るように、その直前に置く。別解として「小さな、赤いかばんを持っている女の子が私の妹です。」なども可。

⑮ 作文・手紙

✔ 基本をチェック

❶ 三　❷ 一　❸ 一
❹ 最後　❺ 常体　❻ 誤字
❼ 頭語　❽ 季節　❾ 宛名

10点アップ！

1 [1] **エ**
[2] 誤…**くれた**　正…**くれました**
[3] 誤…**説明して**　正…**説明して**

2 [1] **イ**　[2] **ア**

解説

1 [1] **エ** 四行目は、行の初めのマスに句点を書いている。句点は、前の行の最後のマスに文字と一緒《いっしょ》に書く。

[2] 「…くれた」だけが常体（だ・である）になっている。

2 [1] あとづけの日付に「五月五日」とあるので、「新緑」の季節である。

[2] 頭語が「拝啓《はいけい》」なので「敬具」で結ぶ。**イ**「草々」・**エ**「不一《ふいつ》」は「前略」などの結語。**ウ**「拝復」は返信に用いる頭語。

4章 読解

⑯ 説明的文章

✔ 基本をチェック

❶ こそあど　❷ 前　❸ 順接
❹ 原因　❺ 反対［逆］　❻ 補足
❼ 並立　❽ 序論　❾ キーワード
❿ 結論　⓫ 要約　⓬ 要旨

10点アップ！

1 （日本の人々が、）例 **汗水垂らして米作りに励み、豊作のために祈りをささげる毎日を過ごしてきたこと。**

2 A…**ウ**　B…**イ**　**3** **エ**

4 **日本人のオオカミに対する見方の変化**

解説

1 「そうやって」の直前には、「人々は汗水垂《あせみずた》らして米作りに励《はげ》み、豊作のために祈《いの》りをささげる毎日を過ごしてきました」とある。この部分を「そう」に入れると、あとの「心血を注いで育てた稲《いね》」とつながる。

ミス注意！
「日本の人々が、」という語句につながるように解答を始める。文末は「～こと。」で結ぶ。

3 [2]段落の最初に、「つまり」という説明・補足の接続語がある。[1]段落の内容を[2]段落で言い換《か》えてまとめているので**エ**が正解。

4 [3]段落では、以前は神のように敬われていたオオカミが、明治以降は迫害《はくがい》されたことから、現代では日本人のオオカミに対する見方が変化したと考えている。

17 文学的文章

基本をチェック

1 時　2 場所　3 主人公
4 会話　5 比喩　6 原因〔理由〕
7 情景描写　8 体験

10点アップ！

1 ア
2 逃がした小鳥
3 例 人質として置いていった友人のセリヌンティウスを絞め殺してもよい
4 イ

解説

3 メロスは、「無二の友人」であるセリヌンティウスを人質《ひとじち》として置いていき、「私が逃《に》げてしまって、三日目の日暮れまで、ここに帰ってこなかったら、あの友人を絞《し》め殺してください」と提案した。

4 **ア**「そうして身代わりの男を、三日目に殺してやるのも気味がいい」と言っている。
イ「人は、これだから信じられぬ」とあるが、「悲しい顔をして」いるのは表面だけなので、あてはまらない。
ウ「このうそつきにだまされたふりして、放してやるのもおもしろい」という本心を隠《かく》し、「世の中の、正直者とかいうやつばらにうんと見せつけてやりたいものさ」と考えている。
エ「ああ、王は利口だ。うぬぼれているがよい」とメロスが言っているように、王は自分の思い通りになると思って、一人でひそかに笑っている。

ミス注意！
傍線《ぼうせん》部の心情は、前後の文脈からとらえる。

18 詩

基本をチェック

1 口語詩　2 文語詩　3 定型詩
4 自由詩　5 散文詩　6 連
7 比喩　8 擬人法　9 対句
10 体言止め　11 倒置　12 反復
13 省略

10点アップ！

1 エ
2 いつ…月夜の晩　どこ…（浜辺の）波打際
3 指先に沁み、心に沁みた。
4 ア

解説

1 **現在使われている話し言葉に近い文体**で書かれており、**音数が決まっていない自由な形の詩**なので、口語自由詩。言葉や文法は古典の形ではないので、文語詩ではない。

ミス注意！
歴史的仮名遣《かなづか》いが用いられていても、文語詩とは限らない。

4 ア「月夜の晩に、ボタンが一つ／波打際《なみうちぎは》に、落ちてゐた。」「それは抛《ほふ》れず」などの言葉の繰《く》り返しがリズムを生んでいる。よってアが正解。
イ 体言止めは用いられていない。

ウ「どうしてそれが、捨てられようか?」は、「いや、捨てることはできない」という意味の反語表現であり、読者へ呼びかける言葉ではない。

エ「波打際」「袂《たもと》」「抛れず」「沁《し》み」のように、漢字が多く用いられている。

⑲ 短歌・俳句

基本をチェック

❶三十一 ❷句切れ ❸字余り
❹十七 ❺季語 ❻自由律
❼切れ字

10点アップ!

1
1 二句切れ
2 君には一日・我には一生〈順不同〉
3 (薔薇の芽の)針・(春雨の)ふる〈順不同〉
4 ウ

2
1 A 季語…椿 季節…春
B 季語…萬緑 季節…夏
2 春風や 3 自由律(俳句) 4 ウ

解説

1
1 二句「回れよ回れ」でいったん意味が切れるので、二句切れになる。
2 Aの短歌では、四句「君には一日《ひとひ》」と結句「我には一生《ひとよ》」が対《つい》になっている。
3「やはらか」なのは、「薔薇《ばら》の芽の針」の様子と「春雨のふる」様子の両方。
4 ア 三行で書かれているので合っている。
イ「吸《す》はれし」は歴史的仮名遣《かなづか》い。
ウ 今の自らの境遇《きょうぐう》を嘆《なげ》く言葉はない。
エ 作者は、ふるさとにいた十五歳《さい》の頃《ころ》を思い出している。

2
1 A「椿《つばき》」は春、B「萬緑《ばんりょく》」は夏の季語。
2 初句「春風や」に切れ字がある。
3 五・七・五の音数のきまりを守らない俳句を「自由律俳句」という。
4 どこまでも続く青い山には、作者の深い悩《なや》みもつきることはないことが表されている。

ミス注意!

詠《よ》まれている情景を思い浮《う》かべながら、作者の心情との関わりを考える。

5章 古典

⑳ 古文1

古典の仮名遣い・古語の意味・助詞の省略／『竹取物語』

基本をチェック

❶う ❷え ❸よう
❹が ❺たいへん ❻おっしゃる
❼かわいらしい ❽主語
❾古い ❿源氏物語

10点アップ!

1
1 a よろず b つかいけり
c なん d いたり

2
1 a ならん b よそおい
c いわく d こたう[ことう]
2 ①が ③が 3 ②ウ ④イ
3 ②(天人のよそほひしたる)女
③くらもちの皇子

解説

1
1 a「づ」→「ず」、b語頭以外の「ひ」→「い」、c「む」→「ん」、d「ゐ」→「い」。

2 ①「竹取《たけとり》の翁《おきな》という者がいた」、③「筒《つつ》の中が光っていた」という意味になる。

3 ②古文の**「あやしがる」は「不思議に思う」**という意味。

④古文の**「うつくし」は「かわいらしい」**という意味。

ミス注意!
ここでの「うつくし」は、「美しい」という意味ではない。

2
2「恐《おそ》ろしくおぼえて」なので、「恐ろしく思われて」という意味になる。

3 ②山の中から出てきたのは、「天人のよそほひしたる女」。

③女の言葉を聞いてうれしく感じたのは、蓬莱《ほうらい》の玉の枝を探していた「くらもちの皇子《みこ》」。

㉑ 古文2
係り結び・会話文／『枕草子』『徒然草』『平家物語』

基本をチェック

❶係り結び　❷強調　❸疑問
❹とて　❺平安　❻清少納言
❼鎌倉　❽兼好法師　❾無常観
❿軍記物語

10点アップ!

1
1 ①**ウ**　②**エ**　③**イ**
2 春…**あけぼの**　夏…**夜**　秋…**夕暮れ**

2
1 **ウ**
2 ②**こそ**　③**か**
3 **少しのこと**

解説

1
1 ①「月のころは言うまでもない」という意味。
②**「をかし」は「趣《おもむき》がある」**という意味。
③**「あはれなり」は「しみじみと心ひかれる」**という意味。

ミス注意!
「をかし」「あはれなり」は、現代語とは意味が異なる。

2 それぞれの段落の初めに、「春はあけぼの(がよい)」、「夏は夜(がよい)」、「秋は夕暮れ(がよい)」とある。

2
1 仁和寺《にんなじ》の法師は、入り口にある極楽《ごくらく》寺《じ》・高良《こうら》神社を参拝したところで、**石《いわ》清水八幡宮《しみずはちまんぐう》は「これだけだと思い込《こ》んで」**帰ってしまった。よってウが正解。

2 係《かか》りの助詞には、**「こそ・ぞ・なむ」**(強調)、**「や・か」**(疑問・反語)がある。係りの助詞が用いられると、文末の結びの形が変化する。

3 古文の随筆《ずいひつ》や説話では、出来事を述べたあと、**最後にまとめとして筆者の考えや感想が述べられる**。本文では、最後に「少しのことにも、先達《せんだち》はあらまほしきことなり。」とある。法師は一人で出かけたため、山上にある石清水八幡宮の本殿《ほんでん》を参拝しないという失敗をしてしまったのである。

㉒ 古文3
和歌・俳諧／主な和歌集・『おくのほそ道』

基本をチェック

❶やまとうた　❷七　❸枕詞
❹掛詞　❺序詞　❻奈良
❼古今　❽新古今　❾俳句
❿松尾芭蕉　⓫滑稽

10点アップ!

1
1 **ちはやぶる**　2 **掛詞**
3 **さらさらに**　4 **なかりけり**

2
1 **エ**

[2] 1 高館　2 旧跡　[3] さても義臣

1 解説

[1] 枕詞《まくらことば》は、**決まった言葉を導き出すもので、多くは五音。**この歌では「ちはやぶる」が枕詞で、「神」を導き出している。

[2] **一つの言葉に二つ以上の同音の言葉の意味を重ねる表現技法は掛詞《かけことば》。**

[3] 序詞《じょことば》は、**連想によってある言葉を導き出す語句。**ここでは、序詞のあとに続く「さらさらに」を導き出している。

[4] 上の句で、「見渡《みわた》すと花も紅葉《もみじ》もないのだった」と詠《よ》み、ここで意味が切れるので句切れになる。

【現代語訳】

A 神代《かみよ》の昔から聞いたこともない。竜田川《たつたがわ》の水を紅葉で紅色《くれないいろ》にくくり染めにするとは。

B 山里は冬こそ寂《さび》しさがつのるものだ。人の訪《おとず》れもなく、草も枯《か》れてしまうと思うと。

C 多摩川《たまがわ》にさらす手作りの布がさらさらしているように、なぜさらにさらにこの子がこんなにもいとおしいのだろうか。

D 見渡すと花も紅葉もないのだった。海辺の漁師の家のあたりの秋の夕暮れよ。

2 [1] 「一睡《いっすい》のうち」とは、「ちょっとの間。わずかな時間」のこと。三代の栄華《えいが》は短い期間だったことを指している。よってエが正解。

[2] 1 「まず、高館《たかだち》に登れば」とあり、そこから北上川《きたかみがわ》や衣川《ころもがわ》を眺《なが》めている。

2 次に、「泰衡《やすひら》らが旧跡《きゅうせき》」（泰衡たちの屋敷跡《やしきあと》）を見ている。

[3] 「夏草や…」は、「今見えている夏草は兵士たちの夢の跡だ」という意味。古文中では、「さても義臣すぐってこの城に籠《こ》もり、功名一時の草むらとなる」とある。

ミス注意！
指示の通り、一文の初めの五字を抜《ぬ》き出す。

【現代語訳】

三代の栄華ははかなくも消え去り、今は大門の跡が一里手前にある。秀衡《ひでひら》の屋敷の跡は既《すで》に田や野となり、金鶏山《きんけいざん》だけが残っている。まず、（義経《よしつね》がいたという）高館に上ると、北上川は南部地方から流れてくる大河だ。衣川は、和泉《いずみ》が城をめぐり、高館の下で大河に落ち込《こ》んでいる。泰衡たちの屋敷跡は、衣が関をはさんで南部地方からの出口を固め、蝦夷《えぞ》の侵入《しんにゅう》を防ごうとしたと見える。それにしても（義経が）忠義の家臣をえりすぐってこの城に籠もり、功名を立てたが、それも今は草むらになった。（杜甫《とほ》の詩を思い、）「国が滅《ほろ》んで、今は山河だけがある、城には春がきて草が青々としげっている」と笠《かさ》を敷《し》いて座《すわ》り、時がすぎるまで涙《なみだ》を落とした。

今見えている夏草は兵士たちの夢の跡だ

卯《う》の花の白さを見ると、奮戦する兼房《かねふさ》の白髪《しらが》の姿がしのばれる　曾良《そら》

23 漢文1 漢文の読み方・故事成語／『論語』

基本をチェック

1 訓点　2 片仮名　3 レ点　4 二　5 中国　6 矛盾　7 五十歩百歩　8 文章　9 蛇足　10 孔子

10点アップ！

1 [1] 莫《なキ》二能《よク》陥《とほスモノ》一也《なり》　[2] 例 突き通すことのできない物はない。　[3] エ　[4] 矛盾

2 [1] 先生［孔子］　[2] ウ　[3] 之を好む者に如かず　[4] 1 ア　2 イ

1 解説

[1] 「能《よ》く陥《とほ》すもの莫《な》きなり」なので、能→陥→莫→也の順で読む。

ミス注意！
二字以上を隔《へだ》てて上に返って読むときは、一・二点を用いる。

2 「〜ざる(は)無し」は、「〜しないものはない」という意味。

3 「〜を以《もっ》て」は、「〜で・〜でもって」という意味。この「何如《いかん》」は「どうなのか・どうなるのか」という意味。

【現代語訳】

楚《そ》の国の人で盾《たて》と矛《ほこ》を売る者がいた。

自分の盾をほめて言うには、「私の盾の堅《かた》いことと言えば、突《つ》き通せるものなどないのだ。」と。

また、その矛をほめて言うには、「私の矛の鋭《するど》いことと言えば、どんな物でも突き通すことができない物はないのだ。」と。

ある人が言うには、「あなたの矛であなたの盾を突いたら、いったいどうなるのか。」と。

その人は答えることができなかった。

2
1 「子《し》」は「先生」という意味。『論語』では「孔子《こうし》」を指す。

2 「学ぶだけで、よく考えなければ」、本当の理解はできないと述べている。よって正解は**ウ**。

3 漢文の「不《ず》レ如《しカ》二好《ム》レ之《ヲ》者《ニ》一」を書き下し文に直す。

4 Bの漢文は、「知る者」や「好む者」は、「楽しむ者」には及《およ》ばないということを述べている。

【現代語訳】
A　先生がおっしゃるには、「学ぶだけでよく考えなければ本当の理解はできない。考えるだけで学ぼうとしなければ、(独断に陥《おちい》って)危険だ。」と。
B　先生がおっしゃるには、「あることを詳《くわ》しく知っている人は、そのことを好む人には及ばない。そのことを好む人は、そのことを楽しむ人には及ばない。」と。

24 漢文2 漢詩の形式と表現上の決まり

基本をチェック
❶ 五言絶句　❷ 七言律詩
❸ 起承転結　❹ 対句
❺ 末尾

10点アップ！
1
1 **五言絶句**
2 (第)一(句)・(第)二(句)
3 **花は然えんと欲す**
4 **ア**

2
1 **七言絶句**
2 **古くからの親友**
3 **下《ル》二揚州《ニ》一**
4 **孟浩然**
5 **イ**

解説
1
1 一行が五字(五言)で四行の漢詩。

2 第一句と第二句は、形(〜は…して〜は…)・内容(江と山)が対応している。

4 春が過ぎようとしているが、いつになれば故郷に帰れるのかとうたっている。故郷に帰れないまま、美しい春を見ている作者のつらい思いが読み取れる。

【現代語訳】
河は緑に澄《す》んで、水鳥はいっそう白く見える
山は青々と茂《しげ》って、花は燃えるように咲《さ》いている
今年の春も見ている間に過ぎていく
いつ故郷へ帰る年が来るのだろうか

2
1 一行が七字(七言)で四行の漢詩。

2 「故人」は古くからの親友のことである。

ミス注意！

ここでは、「故人」は、亡《な》くなった人のことではない。

4 第三句は、友人である孟浩然《もうこうねん》が一そうの帆《ほ》かけ舟《ぶね》に乗って、はるか遠くへ去っていく情景を表している。

5 友を見送った作者は、河の流れが空の果てにつきるのを見ているだけである。ここには、友との別れを寂《さび》しく思う気持ちが表れている。よって正解は**イ**。

【現代語訳】
古くからの親友が西の方にある黄鶴楼《こうかくろう》に別れを告げ
春霞《はるがすみ》の立つ三月に揚州《ようしゅう》へ下っていく
一そうの帆かけ舟の遠い影《かげ》が青空の向こうに消え
(私は)ただ見ているだけだ、長江《ちょうこう》が大空の果てまで流れていくのを